LE JOURNAL CRÉATIF

Note sur l'auteure:

Anne-Marie Jobin a une formation en travail social (UQÀM) et en art-thérapie (Vancouver Art Therapy Institute). Elle a œuvré une dizaine d'années en travail social auprès de divers organismes avant de s'orienter vers la pratique de l'art-thérapie. C'est en combinant sa passion pour l'écriture créative à son expérience en art-thérapie qu'elle a développé la méthode du journal créatif. Elle donne des ateliers et conférences sur cette approche depuis 1998.

* * *

On peut rejoindre Anne-Marie Jobin à l'adresse suivante:
C.P. 13
Granby (Québec)
J2G 8E2, Canada
Téléphone: (450) 372-4669
Courriel: amjobin@globetrotter.net
Site Internet: http://pages.globetrotter.net/amjobin

Avertissement:

Les illustrations contenues dans ce livre proviennent de mon journal intime, de celui de nombreux participants et participantes à mes ateliers et finalement de quelques autres personnes qui ont bien voulu tester certains exercices pour moi. Étant donné la nature personnelle de ces textes et dessins, plusieurs ont été modifiés pour préserver l'anonymat de leur auteur et d'autres ont été dactylographiés pour la même raison. Les textes et dessins sont néanmoins fidèles dans leur essence au travail original. Il est à noter que certaines fautes d'orthographe contenues dans les textes manuscrits ou dans les dessins n'ont pas été corrigées.

Toujours pour des raisons de confidentialité, certains éléments des histoires personnelles citées en exemple au fil du texte, ainsi que le nom des personnes dont il est question, ont aussi été modifiés.

A.-M. J.

ANNE-MARIE JOBIN

LE JOURNAL CRÉATIF

À *la rencontre de Soi par l'art et l'écriture*

du Roseau

Données de catalogage avant publication (Canada)

Jobin, Anne-Marie

 Le journal créatif : à la rencontre de soi par l'art et l'écriture
 Comprend des réf. bibliogr.
 ISBN 2-89466-069-3

 1. Art-thérapie. 2. Graphothérapie. 3. Connaissance de soi. 4. Réalisation de soi. 5. Vie spirituelle. I. Titre.

RC489.A7J62 2002   615.8'5156   C2002-940609-9

Nous reconnaissons l'aide financière du gouvernement du Canada par l'entremise du Programme d'aide au développement de l'industrie de l'édition (PADIÉ) pour nos activités d'édition.

Illustration de la page couverture : Anne-Marie Jobin
Conception graphique de la page couverture : Carl Lemyre
Photographie de l'auteure : Jean-François Labelle
Infographie : Christian Feuillette
ISBN 2-89466-069-3
Dépôt légal : Bibliothèque nationale du Québec, 2002
      Bibliothèque nationale du Canada, 2002
Distribution : Diffusion Raffin
      29, rue Royal
      Le Gardeur (Québec)
      J5Z 4Z3
      Courriel : diffusionraffin@qc.aira.com
Site Internet : http://www.roseau.ca
Imprimé au Canada

Il y a, au centre de nous-mêmes,
une source de vie et de création
que rien ni personne ne peut nous dérober.

Que ce livre vous accompagne
dans votre quête.

REMERCIEMENTS

Ce sont les personnes qui participent à mes ateliers qui ont fait naître en moi l'impulsion d'écrire ce livre. Leur enthousiasme pour le travail du journal m'a toujours grandement inspirée et m'a convaincue de la place qu'aurait cet ouvrage sur le marché. C'était pour rendre la méthode du journal créatif accessible à un plus grand nombre que j'ai entrepris l'énorme travail de synthèse que ce livre a demandé. Ma reconnaissance envers les participants et participantes à mes ateliers est sans bornes parce que c'est grâce à toutes ces personnes que ma motivation est restée constante jusqu'à la fin.

Je veux aussi remercier toutes les personnes qui m'ont donné la permission d'utiliser leur travail personnel pour illustrer les techniques et les exercices pratiques. La diversité dans les styles et les problématiques était nécessaire pour faire ressortir un certain éventail de possibilités de travail.

Merci à ma mère, Christiane, qui m'a donné son appui inconditionnel dès le début du projet et qui a patiemment lu mon livre et testé certains des exercices pratiques. Merci à mon conjoint, Jean-François, pour avoir aussi lu et corrigé mon texte, mais surtout pour avoir cru en mon projet et m'avoir soutenue à tous les niveaux. Merci à mon fils, Florian, qui est arrivé en même temps que j'entreprenais ce long périple et m'a permis d'être relativement équilibrée en créant pour moi des espaces de jeu et d'intimité et en m'enseignant la patience et la présence. Merci à mon frère Bernard qui m'a prêté sa sympathique petite maison de campagne, à plusieurs reprises, pour que je puisse y travailler, sans mes distractions habituelles.

Un merci particulier aux femmes sages qui m'ont guidée à travers ma vie et ont contribué à mon développement : Suzanne Cardin, il y a longtemps, Debbie Leibel et les femmes de mon groupe de Vancouver, June Watts, Joan Matthews et Joan Ruvinsky.

Merci aux nombreux auteurs qui ont nourri mes recherches et alimenté ma pratique, à ceux qui inspirent mon cœur et m'aident à élargir sans cesse ma vision de la réalité. Vous trouverez plusieurs de leurs ouvrages cités en bibliographie.

En terminant, merci aux Éditions du Roseau, particulièrement à Normand Gagné, qui ont cru en mon projet et m'ont aidée à le concrétiser.

Là où vous êtes,
se trouve le point d'entrée.

KABIR

INTRODUCTION

J'avais treize ans quand j'ai écrit mon journal intime pour la première fois, trente-cinq quand j'ai animé mon premier atelier du *journal créatif*. Que s'est-il passé dans ces vingt-deux années d'écriture intime ? Qu'est-ce que j'ai appris sur l'art d'écrire un journal, mais aussi sur le pouvoir de l'écriture et du dessin et sur le processus créateur en général ?

Dès les premières années, j'ai constaté que mon journal m'apaisait et partici-pait à mon mieux-être. Il me soutenait dans les grandes vagues et m'éclairait quand je me tourmentais avec les grandes questions de la vie. Comme j'ajoutais graduellement le dessin à l'écriture, mon journal intime est devenu plus vivant, plus « créatif », plus profitable encore. Soudain, je sentais qu'il me guidait vers une source de sagesse intérieure que j'ignorais avoir et qu'il m'aidait même à guérir de vieilles blessures. L'écriture m'avait soutenue et inspirée, m'avait donné une ancre. Le dessin m'a permis d'exprimer ce pour quoi je n'avais pas de mots et m'a livré de puissants messages venant tout droit de mon inconscient. Mon journal est devenu mon outil privilégié, mon allié intime lors de tous les passages de ma vie. J'ai tant profité de cette activité si simple que j'ai poussé ma recherche, ma réflexion et ma pratique jusqu'à développer une méthode que je pouvais transmettre aux autres et que j'ai appelée le *journal créatif*. Écrire ce livre a découlé naturellement de mes activités d'enseignement.

Le *journal créatif*, c'est donc écrire et dessiner, mais c'est surtout la magie de l'interaction entre les deux. Il nous rapproche du cœur de notre vie et nous plonge dans le processus créateur. Être engagé dans ce processus nous anime, nous donne de l'enthousiasme et de la vitalité. Pas besoin de talent particulier pour le journal créatif. Il ne s'agit pas d'écrire ou de dessiner selon des modèles prescrits mais de plonger en soi-même avec honnêteté et courage. Le seul fait d'être en vie procure tout ce qu'il faut pour apprivoiser ce processus et en tirer des bienfaits. Nous avons tous et toutes une mine d'or à l'intérieur. Parfois nous avons perdu le chemin qui y mène, mais derrière les broussailles, celui-ci nous attend. Peu importe où nous en sommes dans notre vie, c'est là, juste où on est, qu'est la porte d'entrée vers nous-mêmes. Nous pouvons tous retrouver le fil de notre vie intérieure afin que celle-ci nous guide vers la réalisation de notre potentiel.

Par ce livre, je vous invite aujourd'hui à plonger à l'intérieur de vous. Utilisez-le selon votre inspiration, à votre manière unique. N'oubliez jamais que les exercices ne sont que des points de référence, des suggestions. Modifiez-les, utilisez d'autres sources, inventez, soyez spontanés, amusez-vous. C'est votre coeur que vous devez suivre, pas une autre recette du bonheur.

DÉMARCHE PERSONNELLE

Je suis assise dans le couloir, une grande bande de papier déroulée sur le tapis, et je dessine pendant des heures. J'ai 4 ans. Puis me voilà en première année, assise au troisième rang, les yeux écarquillés, pressée de pouvoir moi aussi tracer des mots. L'année suivante, à l'arrivée de mon petit frère, j'écris mon premier poème.

Puis me voilà grande, un 13 ans timide, notant dans un agenda bleu foncé ce que j'ai fait dans la journée. Ce sera mon premier cahier, qu'on ne peut qualifier d'intime tant les notes sont anodines. Pourtant, en rétrospective, je vois l'importance de ce premier journal parce qu'il prépare le terrain à ce qui va suivre. Je me crée lentement un espace où me réfugier, où donner du poids à ce qui se passe dans ma vie. J'installe un petit rituel, un espace où explorer ma vie intérieure et me développer.

C'est vers 15 ans que peu à peu les pages se mettent à se noircir de sentiments – rages brutes et sanglots s'échappent sur le papier; tout s'y déverse. J'y reviens sans cesse parce que l'effet est immédiat: je me sens mieux. Très vite, écrire devient un réflexe, une habitude dont je ne peux plus me passer. Dès qu'il y a un espace dans la journée, je sors mon petit cahier, mon crayon, et j'écris. N'importe quoi. Ce que je vois, ce que je sens, ce que je pense, un rêve de la veille, un projet pour demain. C'est ainsi qu'écrire devient une hygiène de vie, une ancre dans les tempêtes, une façon de mettre de l'ordre dans mes idées ou sentiments et de voir clair dans la marche à suivre. J'ai des périodes où j'écris peu, d'autres où pas un jour ne s'écoule sans que l'urgence d'écrire ne me prenne. Des époques avec des dessins, des images, des rêves racontés; des carnets de voyages pleins de souvenirs collés à travers les pages; des périodes avec seulement des mots et des mots, des milliers de mots alignés dans des dizaines de cahiers.

C'est à partir de 22 ans que ma quête de mieux-être devient plus active et plus consciente. J'ai des insatisfactions et des questions qui restent sans réponse. Je voyage autant que j'en ai envie, j'ai des amis et du bon temps, j'étudie en travail social. Pourtant je cherche le sens de tout ça, je suis en quête d'un appel clair, d'une vision, d'un chemin. Il me semble que mon choix d'études ne me satisfait pas profondément, il me manque quelque chose. C'est ce dernier élément qui me pousse à aller chercher de l'aide professionnelle. Je consulte tour à tour deux personnes et, drôle de hasard, les deux m'encouragent à écrire et à dessiner. Mon journal s'intensifie, j'y fais alors un vrai travail de recherche personnelle, me relisant, analysant, poussant plus loin des thèmes. Je m'inscris à deux ateliers du *Journal intime intensif*, selon la méthode de Ira Progoff, et certaines techniques me bouleversent, en particulier le dialogue. En parallèle, je travaille avec le dessin et je suis éberluée par ce que me révèlent mes essais maladroits. C'est un long processus qui lentement porte fruit. Ma vision se précise: je change de cap et induis de grands bouleversements. Le journal est mon allié le plus sûr.

Je bouquine tranquillement dans ma librairie favorite quand un titre, *The Creative Journal*, attire mon regard. Une praticienne de l'art-thérapie, Lucia Capacchione, en est l'auteure. Elle a créé un outil de croissance personnelle à partir du journal intime en y ajoutant l'utilisation du dessin, de diagrammes et de quelques techniques d'écriture. C'est une révélation. Je fais gloutonnement tous les exercices qu'elle propose et mon journal change encore beaucoup. Je suis tellement inspirée que je m'inscris à une formation en art-thérapie, poussée par un désir ardent d'en savoir plus et peut-être de développer cette méthode. J'ai 28 ans.

Ma formation en art-thérapie va pourtant m'éloigner du journal créatif quelque temps, parce que je me concentre sur le monde de l'art visuel, sur la force des symboles et sur le pouvoir thérapeutique des images. Je plonge dans l'art presque aussi intensément que j'avais plongé dans l'écriture. Si je continue à écrire régulièrement, je m'implique surtout dans divers contrats de travail et explorations personnelles, notamment dans ma propre création artistique. C'est finalement à 35 ans que le pouvoir de l'écriture me saisit à nouveau, par le biais d'un autre livre, *The Artist's Way** de Julia Cameron. Un des outils de base de sa méthode est d'écrire trois pages d'écriture rapide tous les matins au réveil. Je suis absolument sidérée par l'effet de clarté que cette pratique a sur ma vie. Je retrouve l'incroyable force de l'écriture pour s'ancrer dans sa vie. Tout tombe alors en place. L'idée de développer des ateliers de journal créatif s'impose à moi et je me mets à la tâche.

Je consulte d'abord tout ce que je peux trouver sur l'écriture du journal intime et sur l'écriture créative. Fortement inspirée par plusieurs auteures américaines et me basant sur ma formation en art-thérapie, je conçois mes premiers ateliers, que j'offre d'abord à certains organismes communautaires de ma région. Les portes s'ouvrent. J'anime mes premiers ateliers en 1998, puis graduellement je crée de nouvelles techniques et de nouveaux thèmes, je m'éloigne de mes inspirations initiales pour créer la méthode que vous allez trouver dans ce livre.

DESCRIPTION GÉNÉRALE

Qu'est-ce que le journal créatif, quels en sont les objectifs ? Quelles conditions favorisent ce travail ? Dans cette section, vous trouverez toute l'information de base nécessaire pour bien comprendre ce qu'est le journal créatif, sous les titres suivants :

- Un alliage de dessin et d'écriture
- Les objectifs
- Matériel nécessaire
- Quelques conseils

Un alliage de dessin et d'écriture

Le journal créatif est un outil d'exploration de soi qui allie le monde du dessin et de l'écriture. C'est un journal intime non-conventionnel, où jaillissent des images et où l'écriture prend des formes inédites. Il a pour objectif non pas le développement de capacités littéraires ou artistiques, bien qu'il puisse certaine-

---

*   Publié en français sous le titre *Libérez votre créativité*, St-Jean-de-Braye, France, Dangles, 1995.

ment avoir un impact positif sur la qualité technique du travail artistique, mais le développement général de la personne. L'emphase est mise sur le processus plutôt que sur le produit final.

L'écriture et le dessin sont deux façons d'approcher sa vie intérieure qui se complètent et interagissent, qui se nourrissent l'une et l'autre. Quand l'écriture se superpose aux images, ou qu'une image jaillit après les mots, il y a une synergie et une magie qui s'opèrent. Puisque nos deux modes de pensée complémentaires s'unissent, il semble que notre être entier soit interpellé.

Concrètement, les techniques d'écriture favorisent un nettoyage du verbiage mental et aident à aller chercher un savoir ou une sagesse sous-jacente. Elles permettent aussi d'approfondir le sens des images créées. Par ailleurs, comme les images parlent par symboles, elles vont chercher ce que les mots n'ont pas réussi à exprimer. Les images enrichissent l'expression écrite et donnent une information différente. C'est un mariage incroyablement vivant.

Le journal créatif nous permet donc de faire un ménage intérieur et ainsi voir plus clair dans notre vie, ce qui nous aide à passer à l'action, à faire les changements nécessaires et les maintenir, à vivre davantage tout notre potentiel. Nous avons tous une mine d'or à l'intérieur de nous, un potentiel à développer, mais il faut faire comme les chercheurs d'or: descendre dans le noir, gratter, nettoyer, sasser, chercher, recommencer. Quand on trouve une pépite, il faut la nettoyer, la polir, la tailler. Alors seulement on a le bijou qu'on cherchait. Ce joyau c'est notre pouvoir personnel, nos réponses, nos passions qui se déploient. Le journal créatif nous accompagne dans la descente dans le noir et dans la remontée, jusqu'à ce que amenions notre or à la surface pour en partager la beauté avec le monde.

Les objectifs

Le journal créatif peut vous aider à :

- exprimer vos émotions et pensées ;
- mieux vous connaître ;
- résoudre des problèmes ou conflits ;
- faire de meilleurs choix et initier des changements ;

- améliorer votre relation à vous-même et aux autres ;

- faire du ménage dans ce qui encombre votre vie ;

- trouver du sens à votre vie, sentir vos passions ;

- prendre contact avec vos ressources intérieures ;

- prendre contact avec votre sagesse intérieure, avec le divin en soi ;

- développer votre créativité générale et surmonter les blocages qui y sont liés ;

- développer l'esprit du jeu et la spontanéité ;

- explorer différents médiums artistiques.

Matériel nécessaire

Pour vous lancer dans l'aventure fascinante du journal créatif, vous aurez d'abord besoin d'un cahier de format assez grand (9 x 12 po ou 23 x 31 cm) avec feuilles non-lignées. Un carnet de croquis, un cahier à anneaux ou un journal aux pages blanches conviennent, l'important étant que le format soit assez grand pour que vous ne vous sentiez pas restreints dans votre expression. La plupart des centres de photocopie ont des systèmes de reliure abordables, ce qui permet de se confectionner soi-même un cahier à peu de frais sans avoir à courir la ville à la recherche du format parfait.

Au niveau des crayons, une petite boîte de vos crayons de couleur préférés suffit. Par contre, si vous voulez de la variété, un assortiment de types de crayons et de largeurs de pointes est intéressant. Voici ce que je fournis généralement dans mes ateliers :

- crayons de bois de couleurs variées ;

- feutres à pointe fine ;

- feutres à pointe large ;

- pastels secs ;

- pastels à l'huile ;

- ciseaux, colle et magazines pour collages.

Quelques conseils

Beaucoup de gens ont du mal à trouver le temps, l'espace et l'énergie nécessaires pour leur vie intérieure et leurs projets créatifs. J'ai donc pensé ajouter cette courte section pour apporter quelques conseils pratiques qui pourraient être utiles en cours de route.

Créer le temps: Toutes les excuses sont bonnes pour remettre à plus tard la rencontre avec soi. Il y a une décision à prendre et une rigueur à développer si on ne veut pas continuer à courir éperdument en se sentant victime de son horaire, de son travail, de son conjoint ou de ses enfants. Il n'y a pas de victime qui tienne ! Choisissez-vous un temps et imposez-le à votre entourage. Décrochez le téléphone, cachez le téléviseur, éloignez-vous de vos sources de tentation et soyez fidèle à vous-même ! Vous verrez qu'une fois un certain rythme établi, il est beaucoup plus facile de se créer du temps pour soi, parce que cela devient partie de la routine. Pour plusieurs, l'aube ou après le départ des enfants pour l'école est un moment privilégié, parce que la journée ne les a pas encore happés dans son action. Se garder une heure en après-midi est plus risqué, et le soir la fatigue nous guette. Il n'y a cependant pas une règle qui s'applique à tout le monde. Voyez ce qui vous convient le mieux, mais sachez qu'à l'intérieur de vous il y a un saboteur qui ne veut pas que vous vous penchiez sur votre vie intérieure, qui ne veut pas que vous changiez. C'est une force d'inertie qui hait le changement. Alors attention au saboteur, sachez le déjouer et le reconnaître sous ses multiples déguisements.

Créer l'espace: Se donner un espace pour écrire et/ou dessiner est important. Les gens qui sont bien exercés arrivent à créer n'importe où, mais pour la plupart d'entre nous, avoir un coin à soi est d'un grand soutien. Il ne s'agit pas d'entreprendre des rénovations coûteuses (et ainsi de remettre à plus tard le moment de s'asseoir en face de la feuille blanche...) mais de se créer un petit coin qui nous inspire, avec des images et objets qui nous parlent, et avec une lumière naturelle ou un bon éclairage. Bien sûr, nous ne sommes pas enchaînés à cet espace. Si vous avez un endroit préféré dans une salle commune de la maison, vous pouvez vous y réfugier dans les moments tranquilles. Peut-être aimez-vous aussi vous asseoir sous le grand érable du jardin avec votre cahier et vos crayons, ou encore vous attarder dans un café. Tous les lieux qui vous inspirent sont de bons lieux pour créer.

Se centrer: Il est utile de se centrer physiquement avant d'entreprendre une session de journal. C'est une pratique qui aide à approfondir le travail intérieur et à éviter bien des détours. Il s'agit simplement de poser ses pieds bien à plat au sol, de s'asseoir confortablement, se fermer les yeux et prendre quelques grandes respirations. Cela permet de vraiment se déposer à l'intérieur de soi et de créer une attitude de réceptivité envers ce qui s'y passe.

Prendre soin de soi: Comme le travail du journal est un travail global sur soi, qui vise à se rapprocher de son centre et à se vitaliser, prendre soin de soi de façon générale y est lié. Plus le corps, les émotions et l'âme sont bien traités, plus l'énergie créatrice est vibrante et plus le journal est nourri. S'asseoir pour écrire après avoir mangé une pizza garnie et des frites rend l'esprit brumeux. S'entourer de gens qui polluent l'estime personnelle a un impact négatif sur l'enthousiasme à descendre en soi. Inversement, aller marcher dehors tous les jours permet de demeurer centré et de s'oxygéner. Chanter libère et calme. Pour créer de façon optimale, il faut être bien nourri à tous les niveaux. Prenez soin de vous et vous constaterez combien votre vie intérieure en sera vitalisée.

PREMIÈRE PARTIE

RÉFLEXIONS

J e ne pouvais présenter la méthode du journal créatif sans vous faire part de mes réflexions sur plusieurs sujets qui y sont liés. Ces idées forment une partie de la base théorique sur laquelle je me suis appuyée pour mieux comprendre et développer cette méthode. Cependant, mon but ici n'est pas de vous donner un cours complet mais de vous transmettre l'essentiel de mes réflexions ou ce qui m'apparaît le plus important et le plus intéressant. Si je me suis inspirée de ma formation en art-thérapie pour une partie de ce travail, j'ai aussi beaucoup observé mon propre processus créateur et j'ai puisé dans le réservoir de connaissances issues du travail de beaucoup d'autres personnes à qui je suis infiniment redevable et dont vous trouverez les ouvrages cités en bibliographie. Voici donc les prémisses sur lesquelles sont basés mon enseignement et ma pratique personnelle du journal créatif:

- L'être humain a besoin de sentir que sa vie a un sens;
- Être en contact avec ce qu'il y a de plus profond en soi génère du sens;
- L'art est un outil puissant pour nous aider à contacter nos profondeurs;
- Connaître le cycle de la créativité nous aide à mettre en œuvre les projets qui viennent de nos profondeurs et nous tiennent à cœur;
- Le journal peut être vu comme une pratique spirituelle au même titre que la méditation ou la prière;
- Le travail personnel a des répercussions sur la communauté.

Je traiterai ces différents sujets dans les chapitres suivants:

- La quête de sens / la faim de l'âme
- Le mode intuitif
- Le pouvoir de l'art
- La créativité
- Le journal comme pratique spirituelle
- Journal créatif et communauté

1

La quête de sens / La faim de l'âme ✗

Ça c'est moi

Le bruit court que notre âme a faim. L'avez-vous senti un jour où vous vous hâtiez entre deux rendez-vous ou encore dans le plus beau centre d'achats de votre quartier ? Moi, oui. Alors quand j'ai lu l'expression « la faim de l'âme » dans *Femmes qui courent avec les loups**, je l'ai adoptée. Qu'est-ce que cela veut dire ? Simplement, cela veut dire qu'il n'y a pas que notre corps physique qui doive être nourri, mais aussi notre être, dans son aspect le plus global. Nous avons besoin de nourriture spirituelle et de nous sentir en lien avec la vie dans son ensemble. Nous désirons sentir que notre vie a un sens. C'est quelque chose de fondamental et profond chez l'être humain. Nous sommes trop souvent en guerre, divisés à l'intérieur de nous et à l'extérieur. Nous avons besoin d'unité intérieure et de guérison. Pour satisfaire cet appel de notre âme, nous partons en quête. Que nous cherchions une vision, l'amour ou le bonheur, nous sentons la faim nous tenailler.

Depuis toujours, les humains ont senti cette faim de sens, ce besoin de sentir leur place dans l'univers. La philosophie et les religions ont tenté de répondre aux grandes questions existentielles telles que : qui sommes-nous ? que faisons-nous ici ? comment trouver le bonheur ? comment se libérer de notre condition humaine ? Puis, plus récemment dans l'histoire, la psychologie s'est penchée sur ces questions. D'abord Carl Jung, qui fut le premier à oser ouvrir la psychanalyse à la dimension spirituelle et à la quête de l'humain pour sa réalisation, démarche qu'il a nommée le processus d'individuation. Puis le mouvement existentialiste, pour lequel la quête de sens est au cœur de la démarche thérapeutique.

---

*   Clarissa Pinkola Estés, *Femmes qui courent avec les loups*, Paris, Grasset, 1996.

La faim de l'âme est exacerbée par le fait que nous vivions dans une société matérialiste et individualiste. Nous sommes d'autant plus affamés d'esprit que nous sommes isolés et « enfoncés » dans la matière. Nous consommons à outrance et gaspillons, nous sommes ensevelis sous une montagne de possessions, nous sommes littéralement bombardés d'information et de stimulations de toutes sortes. Aussi nous sommes de plus en plus stressés, anxieux, perdus, désespérés parfois. Quelques-uns des symptômes de notre malaise collectif sont un taux de suicide élevé, une consommation excessive de médicaments de type anti-dépresseurs, une hausse des maladies liées au stress, des problèmes énormes chez les jeunes, etc. Les valeurs matérialistes ont conduit à une exploitation excessive des ressources naturelles à l'échelle planétaire, à un déséquilibre flagrant dans la distribution des ressources au niveau international, et à une fragilisation de l'éco-système à un point tel que l'équilibre de la planète et la survie de notre espèce sont menacés. On sent une urgence grandissante d'établir des liens plus har-monieux avec la vie dans son ensemble, d'après des valeurs humaines profondes.

Dans ce contexte, comme le besoin de sens est particulièrement criant, nous assistons à une recrudescence des démarches spirituelles et de croissance de toutes sortes : quêtes de vision, ateliers de croissance, maîtres spirituels de tout acabit, pratiques en tout genre, livres innombrables sur ces sujets. Beaucoup de ces démarches offrent des outils valables et visent cet « élargissement de cons-cience », considéré comme nécessaire à la survie de la planète. Par contre, certaines d'entre elles offrent plutôt des recettes miracle pour atteindre le bonheur ou la plénitude rapidement et sans trop d'efforts. On consomme alors la spiritualité ou la croissance personnelle comme le reste et on tombe dans ce qui est communé-ment appelé le matérialisme spirituel. Il faut donc être aux aguets. Quand on sent la faim nous tenailler, plutôt que de se disperser, il est préférable de commencer par faire le calme en soi. On doit développer une présence attentive aux mouve-ments de sa vie intérieure et à ce qui émane de l'âme, de la source de vie en soi. Plus on sent cette source de vie, plus le chemin que l'on doit emprunter est clair et a du sens, puisque l'âme est tout naturellement en harmonie avec la vie.

Mais comment arrive-t-on à l'entendre ? À mon avis, il faut être capable de mettre en place les conditions favorisant l'émergence de cette voix profonde. Il faut arriver à faire taire tous les autres bruits, à créer le silence nécessaire à l'écoute de cet écho subtil. Beaucoup d'activités vont dans ce sens. Par exemple, on peut s'aménager des temps de méditation, de prière, de contemplation, des retraites ou temps de réflexion, des moments calmes, des marches dans la nature, etc. Bien qu'étant une activité moins contemplative, le journal est aussi un outil qui peut nous aider à entendre ce qui monte de nos profondeurs. Il est un lieu privilégié de contact avec notre vie intérieure, on peut y sentir nos réponses, nos appels, notre vérité, notre lien à la vie, notre spiritualité.

En résumé, une des choses qui contribue le plus à donner du sens à notre vie, c'est de permettre aux réponses de monter de notre ventre, de notre cœur et de notre âme, puis de tenter de vivre à partir de ces appels, de les mettre en œuvre. Le journal est un moyen parmi d'autres pour écouter jaillir du silence notre expression unique et créatrice.

2

Le mode intuitif

Comment le journal créatif répond-il à cet appel de l'âme dont je viens de parler? Le mot *âme* vient du latin *anima*, qui veut dire souffle et vie. L'âme c'est ce qui nous anime, c'est la source de vie en soi, c'est notre partie la plus globale et la plus profonde. Y puiser c'est avoir accès au cœur de notre vie, à ce qui nous allume et nous appelle, à notre savoir et nos sentis les plus instinctuels. C'est un réservoir d'images et de sagesse où l'on peut se ressourcer, trouver des réponses et des joyaux de créativité. Pour avoir accès à cette mine d'or, il faut trouver le moyen de dépasser ce qui entrave le chemin vers nos profondeurs. C'est ce que les techniques du journal tentent de faire.

Qu'est-ce qui nous empêche de sentir notre âme? Comme celle-ci appartient au domaine de l'immatériel, plus on s'identifie au monde visible de la matière – notre apparence, notre avoir, notre rôle social – plus on a du mal à la sentir. En d'autres mots, plus on est pris dans les jeux et les illusions du monde matériel, plus ce qui appartient au monde plus irrationnel et intuitif de l'âme nous échappe ou nous fait peur. Ainsi, nos raisonnements logiques habituels et parfois automatiques empêcheront nos intuitions de nous parvenir. De façon générale, on peut conclure que le mode de pensée linéaire, logique et rationnel est une entrave à l'intuition et à l'âme, parce qu'il n'aime pas ce qui lui est contraire, donc ce qui est irrationnel, mystérieux et difficile à saisir. Pourtant, pour entendre notre âme il nous faut plonger dans l'inconnu et dépasser le mode de pensée habituel. Et cela n'est pas facile, d'autant plus que nous vivons dans une société qui valorise davantage un mode de pensée rationnel et scientifique.

Des recherches fascinantes sur les modes de pensée rationnel et intuitif ont donné naissance à certaines approches visant à développer le mode intuitif, parce qu'on s'est aperçu que ce dernier est beaucoup plus approprié pour certaines tâches, notamment tout ce qui est lié à la créativité et au monde visuel et spatial, en particulier le monde des arts. On a constaté que dans notre culture, le mode rationnel, tout indispensable qu'il soit, est en quelque sorte hypertrophié. Comme ces approches ont eu un impact sur les techniques du journal créatif, j'ai pensé vous présenter un aperçu de ces recherches.

Ce sont les recherches sur les fonctions de chaque hémisphère du cerveau qui ont ouvert la voie à ces approches. C'est à la fin des années 50 qu'un psychobiologiste, Roger Sperry, développait la théorie selon laquelle chacun des hémisphères a des fonctions spécifiques et contrôle le côté opposé du corps. L'hémisphère gauche contrôle le langage, est analytique, rationnel, linéaire, logique. Il aime nommer, catégoriser, lire, écrire, parler, résoudre des problèmes faisant appel à la pensée abstraite. L'hémisphère droit est le siège du mode visuel et spatial, du non-verbal, de l'expression émotionnelle et de l'intuition. Il aime dessiner, sentir les choses, regarder l'ensemble, les relations entre les éléments. Avec le temps, d'autres chercheurs ont constaté beaucoup de variations dans la localisation de ces fonctions dans les deux hémisphères, surtout chez les gauchers et les ambidextres. On parlera donc de mode de pensée plutôt que de localisation dans le cerveau. Le mode droit est donc un mode de pensée plus intuitif et englobant, et le mode gauche un mode de pensée plus rationnel et analytique.

Une approche intéressante qui a découlé de ces recherches est l'enseignement du dessin à partir du côté droit du cerveau. C'est Betty Edwards, une professeure d'arts californienne, qui a développé cette méthode dans les années 70. Elle soutenait que si un individu peut apprendre à écrire, il peut aussi apprendre à dessiner, à reproduire les choses qu'il voit. En court-circuitant le mode rationnel par des exercices de dessin variés, les étudiants se mettaient à « voir » vraiment l'objet en face d'eux (plutôt que d'y penser à partir de concepts) et à être capables de le reproduire. Ses découvertes ont porté un sérieux coup au mythe du talent. En seulement 36 heures de cours (3 heures par semaine pendant 12 semaines), la plupart de ses étudiants passaient d'un style naïf à une reproduction complexe incluant la perspective et les ombres.

Une autre approche qui a découlé indirectement de ces recherches et qui trouve sa place dans les techniques du journal, c'est l'utilisation de la main non-dominante pour écrire ou dessiner. Lucia Capacchione, en particulier, s'est beaucoup penchée sur cette question et a écrit un livre sur le sujet*. Elle a constaté que quand les droitiers utilisaient leur main gauche et les gauchers leur main droite, ils avaient tout à coup accès à des informations jusqu'alors enfouies au fond d'eux. Une «autre» voix jaillissait de l'ombre, des émotions brutes faisaient surface, des impressions et souvenirs de l'enfance revenaient en mémoire. Comme si l'autre main savait des choses que nous ne savions pas. De plus, il semble que cette pratique bâillonne en quelque sorte le critique intérieur parce que nous avons moins d'exigences de performance quand on se sert de la main «maladroite». Ce que Capacchione a particulièrement développé, c'est l'usage de la main non-dominante comme instrument privilégié pour entrer en contact avec l'enfant en soi, ce qui a fait l'objet d'un autre livre**. Finalement, il semble que cette simple pratique favorise le passage au mode intuitif et aussi le dialogue entre les deux modes.

Les modes de pensée rationnel et intuitif s'opposent-ils toujours ? Ne peuvent-ils pas se combiner pour mieux nous servir ? Bien sûr, mais comme nous avons un déficit au niveau du mode intuitif, c'est souvent celui-là qui a besoin d'être stimulé. Dans la section sur les techniques, vous constaterez que souvent je suggère de ne pas trop réfléchir, d'écrire vite ou de faire les choses de façon inhabituelle. Toutes ces remarques et les techniques qui les accompagnent visent à dépasser le mode rationnel pour nous rapprocher de notre intuition et ainsi des réponses qui nous viennent du monde mystérieux de nos profondeurs. Parce que nous visons à enlever ce qui encombre le chemin entre soi et sa source de sagesse intérieure, il faut parfois court-circuiter le rationnel. Il ne s'agit pas de l'éliminer, il est aussi essentiel à notre fonctionnement que le mode intuitif, mais quand on cherche à sentir notre vision la plus sage et profonde, il peut être momentanément encombrant. C'est après avoir senti les appels de notre âme que le mode rationnel nous soutiendra pour amener notre vision dans la matière.

---

*   *Le pouvoir de l'autre main*, Paris, Médicis, 1997.
**   *Faites vivre votre enfant intérieur*, Montréal, Stanké, 1994.

3

Le pouvoir de l'art

N ous avons vu que dans la partie la plus profonde de notre être il y a des réponses à notre quête de sens et qu'en utilisant davantage le mode intuitif on peut y avoir accès. Il faut donc créer un pont entre notre vie courante et la vie des profondeurs. Pour ce faire, l'art est un outil puissant parce qu'il parle par symboles et métaphores, ce qui correspond davantage au mode intuitif. De surcroît, l'art permet de donner une forme tangible à nos émotions et nos visions, à nos états d'esprit et nos sentis. Quand ce qui était invisible devient visible, nous sommes moins en fusion avec le senti exprimé et ainsi nous pouvons l'observer davantage et en tirer de nouvelles informations. Ce processus est transformateur parce que la distance créée entre nous et notre monde intérieur permet des prises de conscience nouvelles. En fait, pour reprendre un acrostiche de Ganim et Fox*, voici ce que l'art permet:

A: Accéder (au monde intérieur) – *access*

R: Relâcher (exprimer ce qui s'y trouve) – *release*

T: Transformer (intégrer, guérir, changer) – *transform*

Autrement dit, quand on a accès à ce que l'on porte et qu'on l'exprime, on comprend mieux ce qui se passe en nous et les pas à faire sont plus clairs. L'art nous aide donc à retrouver et à exprimer nos expériences intérieures, puis à les intégrer au conscient. Et cela est accessible à tout le monde. Pourtant, il y a une vision réductive de l'art qui nie cela. Dans notre société moderne et productiviste, on a réservé l'art aux « artistes », aux professionnels, à ceux qui ont du « talent »,

---

* *Visual Journaling*, Wheaton, IL, Quest Books, 1999.

ou aux créateurs fous ou marginaux. L'artiste a droit à l'art, la fille de l'épicerie, non. On doit entrer dans notre moule et y rester. Quelle incroyable méprise ! Comme si notre expérience personnelle, pourtant unique, ne valait pas qu'on l'exprime dans la matière. Pourtant l'art est vivant, tout comme nous, et cela nous donne le droit d'éclater tous les moules pour donner une forme à nos peines, nos joies, nos rêves. Peu importe jusqu'à quel point nos expériences nous semblent petites, elles sont à nous et on a le droit de leur donner vie. C'est en cela que l'art est puissant. Parce qu'il nous appartient, puisqu'il s'agit de *notre* expérience et que nous avons tous droit à notre expression unique.

Revenons maintenant à la question du lien entre l'art et le mode intuitif. Je me limiterai ici au dessin, puisque c'est de cette forme d'art qu'il est question dans le journal créatif. Le dessin nous parle par les formes et les couleurs, par symboles et métaphores. Il utilise donc le même langage que le mode intuitif. Les formes et les couleurs vont aller chercher des informations difficiles à capter en mots et en concepts, des émotions brutes et des sentis profonds que jamais nous n'aurions pu identifier en n'utilisant que le mode verbal et rationnel. Bien sûr, il faut faire ici une distinction entre la simple reproduction d'image et le dessin spontané, investi du monde intérieur. Comme notre objectif est de créer un pont avec le monde intérieur, nous devons exprimer ce qui nous habite non pas de façon esthétique, bien qu'il puisse arriver que le résultat le soit, mais de façon personnelle et profonde. Quand le pont avec l'expérience intérieure est fait, nous avons devant nous une création que nous allons tout naturellement chercher à comprendre. Pour amener les messages symboliques de notre inconscient au conscient, et ainsi nous permettre de les intégrer dans notre vie courante, nous devons en quelque sorte les décoder. Là entre en jeu ce que nous appelons l'interprétation des images.

Chercher le sens de nos créations est un mouvement naturel de l'être, qui parle encore une fois de ce désir d'avoir une relation plus satisfaisante et profonde avec notre vie, d'y trouver du sens. Mais ce besoin de comprendre les messages venant de nos dessins comporte de grands pièges. On veut passer rapidement au mode rationnel, où nous sommes plus confortables, et tout classer, étiqueter, mettre en boîte. Parfois notre obsession à trouver le sens bloque notre capacité à *voir vraiment* ce qu'on a devant les yeux, donc à interpréter de façon ouverte. Carl

Jung disait que, lorsqu'on tente trop d'expliquer une image, *l'oiseau s'envole*. Shaun McNiff, un Américain, praticien de l'art-thérapie, dénonce lui aussi les interprétations hâtives et simplistes, disant que cela vole «l'âme des images*». Il rapporte qu'à une certaine époque pas si lointaine, tout était réduit à des clichés freudiens liés à la sexualité. Encore aujourd'hui on peut avoir tendance à vouloir interpréter trop vite. Ce que McNiff propose est intéressant: il suggère d'abord de s'abstenir de mettre des significations sur les images et de simplement les regarder, ouvertement et naïvement. Il faut d'abord laisser l'image entrer, la sentir, l'accepter comme elle est. Il faut la laisser nous parler, nous raconter son histoire, ou encore entrer en dialogue avec elle. C'est seulement après avoir fait cela que nous devrions passer aux autres possibilités, comme faire des associations personnelles, regarder les symboles universels, analyser, etc. Il faut aussi rester sensible au fait qu'une image peut avoir plusieurs niveaux de signification ou que son travail peut se faire sur une longue période. Finalement, s'il y a des significations générales ou collectives à certaines formes ou couleurs, il faut toujours vérifier les significations personnelles. Par exemple, si pour la majorité des gens le vert est associé à la croissance et à la nature, peut-être que pour Josée il est associé à sa mère, qui portait toujours des vêtements de cette couleur.

En résumé, le processus créateur, qui nous permet de mettre l'invisible dans le visible, de mettre nos aspirations et nos doutes dans des formes tangibles, est un processus éclairant et guérisseur qui nous aide à nous sentir en vie et à toucher le centre de notre être, là où se trouve le sens. Et ce processus est accessible à tous.

---

*   «The Interpretation of Imagery», *The Canadian Art Therapy Association Journal*, vol.3, n°1.

4

La créativité

La créativité est directement liée à l'art parce qu'elle est le processus par lequel on traduit dans la matière ce qui nous habite. Elle est le chemin entre nous et l'art qui naît par nos mains. Le mot créativité vient du mot latin *creatio*, qui est l'action de donner l'existence, donner la vie, de «tirer du néant». Créer, c'est donner un corps (la matière) à ce qui nous habite (l'esprit). C'est mettre l'invisible dans le visible. La créativité c'est donc la capacité de créer, d'être en contact avec notre énergie vitale et de la manifester en formes tangibles dans le monde. Dit simplement, c'est notre énergie vitale qui prend forme. Nous avons tous et toutes un grand potentiel de créativité puisque nous sommes vivants, mais c'est la voie d'accès à ce potentiel qui détermine notre degré de créativité, cette voie pouvant être plus ou moins bloquée, selon le cas.

Créer serait donc, en quelque sorte, faire ce qui nous vient naturellement, en suivant le rythme de ce qui jaillit de nous. Hélas, la plupart d'entre nous avons arrêté depuis longtemps de faire ce qui vient naturellement, de faire confiance au cycle naturel des choses. On a revêtu un costume, assumé des rôles, oublié comment nourrir sa vie intérieure. On ne sent plus sa vitalité. On se traîne les pieds, on manque d'énergie, on est déprimé, on se demande ce que vaut sa vie. Puis on se distrait et on s'agite avec un nouveau gadget ou encore on se saoule de quelque drogue pour oublier que le temps passe, que l'on est mortel, que la vie s'enfuit. La question devient donc: «Comment rendre notre vie plus vivante, plus vibrante ? Comment dégager ce qui entrave notre capacité de renouveler sans cesse ce qui nous fait vivre, ce qui nous stimule ? Comment retrouver le chemin de notre vitalité ? »

C'est pour cela que développer et débloquer la créativité sont des objectifs de base de la pratique du journal créatif. Parce que d'avoir une créativité vibrante et fluide contribue à donner un sens à sa vie, remplit l'être de ce qu'il y a de plus important, de la substance même dont est faite toute vie. Quelqu'un de créatif, c'est quelqu'un qui est en contact avec sa vitalité, qui a confiance en ses ressources intérieures, qui sent le flux et le reflux de l'énergie créatrice et qui peut créer sa vie en fonction de ces mouvements intérieurs et extérieurs. C'est quelqu'un qui sait naviguer, qui sait utiliser chaque vague pour s'ouvrir davantage et mettre au monde l'esprit qui l'habite.

Enfin, la créativité est un phénomène naturel avec des cycles et des rythmes, qu'il est bon de connaître pour arriver à comprendre comment nous bloquons son cours et comment en rétablir le flot. Beaucoup d'auteurs ont écrit sur le sujet, mais celle qui a retenu mon attention avec le plus de force est Clarissa Pinkola Estés, cette analyste jungienne, conteuse d'histoires, qui compare la créativité à une rivière qu'il faut nourrir et cesser de polluer. Voici quelques-uns de ses mots:

> « Il est clair que la créativité émane de quelque chose qui monte, déferle, se soulève, se déverse en nous plutôt que de quelque chose qui resterait là à attendre que nous trouvions, d'une manière ou d'une autre, le chemin qui y conduit. En ce sens, nous ne pourrons jamais perdre notre créativité. Elle est toujours là. Elle nous emplit ou entre en collision avec les obstacles qui sont placés sur sa route. Si elle ne peut avoir accès à nous, elle fait marche arrière, rassemble son énergie et donne de nouveaux coups de boutoir jusqu'à ce que la résistance cède et qu'elle nous pénètre*. »

La créativité fait donc partie de notre nature humaine, mais il arrive que nous la réprimions. La plupart des enfants, à moins d'être fortement opprimés, sont très créatifs tout simplement, naturellement. Ils explorent leur univers, inventent des histoires, s'absorbent dans le dessin par pur plaisir, dansent et chantent sans inhibition. Puis sournoisement, en grandissant, que ce soit dans leur famille, à l'école ou avec leurs pairs, leur rivière se fait polluer: on les compare, on les

---

*   Clarissa Pinkola Estés, *Femmes qui courent avec les loups*, Paris, Grasset, 1996.

critique, on les ridiculise parfois, ou encore on les ignore, ne donnant aucune valeur à leur expression. On leur dit que ce qui sort tout naturellement d'eux n'est pas assez, devrait être différent; et c'est avec des phrases comme «regarde la voisine, elle...», «tu ne feras jamais rien de bon», ou «tu es stupide» que la rivière est polluée. Ce processus de contamination continue à travers tout le système social et nous prenons malheureusement le relais de ces «voix critiques», empoisonnant nous-mêmes notre vitalité en nous comparant, nous rabaissant, en exigeant la perfection ou en nous convainquant à l'avance de l'inutilité de poursuivre nos rêves.

Mais notre créativité est toujours là, grondant par en-dessous, prête à rejaillir dès qu'elle en aura la chance. Si on arrête de lui ériger des barrières, si on entreprend le processus de dépollution et si on la protège des contaminants, alors notre vitalité nous éblouira.

LE CYCLE DE LA CRÉATIVITÉ

Il y a plusieurs théories au sujet du cycle de la créativité, mais la description que j'ai retenue est encore celle de Clarissa Pinkola Estés. Le cycle de la créativité est un cycle naturel où l'énergie monte et redescend, continuellement. On retrouve ce même mouvement dans la nature. Les saisons, ainsi que toutes les plantes, en témoignent. Voici les différentes phases telles que décrites par Pinkola Estés*.

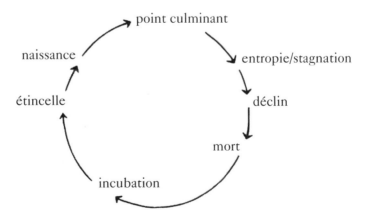

---

*   *The Creative Fire* (2 cassettes), Louisville, CO, Sounds True Publishing, 1993.

Prenons l'exemple d'une plante dont la graine dort sous la terre, en incubation. Le sol qui se réchauffe au printemps la pousse à remettre en branle son processus de croissance. C'est l'étincelle et la naissance. Puis la plante croît jusqu'à un point culminant, soit la fleur et le fruit, en général en été. En automne c'est le déclin, mais la plante met toute son énergie dans ses graines qu'elle répand avant de mourir. Les nouvelles graines sont en incubation jusqu'au printemps suivant.

Pour les humains, c'est un peu plus complexe. Il semble que l'on ait tendance à vouloir contrôler la nature et ainsi on se bat contre le cycle naturel. Il y aurait deux difficultés liées au cycle de la créativité, toujours selon Pinkola Estés. La première est d'accepter le fait que l'énergie monte et redescend. On n'aime pas la phase du déclin. On voudrait toujours être dans l'excitation de ses projets, quand ils coulent et coulent, quand ça fonctionne bien. On refuse les nécessaires passages à vide. On se maintient exalté de force parfois, en négligeant ses autres besoins ou en s'intoxiquant de stimulants ou de drogues diverses. Certains artistes sont restés dans la phase d'exaltation durant des années pour ensuite en payer le prix. On a vu beaucoup de génies créateurs avec des vies très déséquilibrées. Ils et elles ont sacrifié certains aspects de leur vie, par exemple leur santé physique ou leurs relations personnelles, pour leur création. Certains diront que ces sacrifices en valaient le coup, mais à mon avis il est de beaucoup préférable pour la qualité de vie générale d'essayer de s'abandonner au cycle naturel de la créativité, de suivre ses mouvements et ses accalmies.

La seconde difficulté dont parle Pinkola Estés est d'arrêter de bloquer le flot naturel de la créativité. Il faut cesser de polluer la rivière avec nos croyances négatives et nos peurs, avec nos doutes ou un perfectionnisme malsain, avec les critiques impitoyables que nous nous infligeons ou que nous acceptons de recevoir des autres. Polluer la rivière, notre force vitale, a un prix énorme : anxiété, fatigue chronique, dépression, toxicomanies, etc. Ces façons de réagir sont souvent une protection que nous avons érigée contre nos souffrances intérieures et, en ce sens, elles servent à quelque chose, si ce n'est qu'à soulager temporairement l'inconfort. Mais du même coup, elles nous vident de notre énergie vitale. Vient donc un moment où il faut choisir entre le confort du connu et notre vitalité.

Nous reviendrons sur les blocages dans la quatrième partie : nous verrons alors comment les transformer, comment utiliser l'énergie bloquée pour rejaillir de l'autre côté, pour ouvrir davantage, pour rétablir la connexion perdue.

Pour condenser mes propos, j'ai dressé une liste sommaire des facteurs qui entravent le flot naturel de la créativité ainsi que de ceux qui lui permettent de couler librement. Cette liste n'est pas nécessairement complète, j'y ai noté ce qui me semblait le plus répandu.

QU'EST-CE QUI BLOQUE LE FLOT DE LA CRÉATIVITÉ?

- Perfectionnisme
- Doutes sur sa valeur personnelle
- Dépendances/mauvaises habitudes
- Croyances négatives
- Autocritique
- Besoin d'approbation
- Environnement négatif
- Plusieurs peurs :
  - Peur du jugement
  - Peur de l'échec
  - Peur du succès
  - Peur de l'inconnu
  - Peur du changement
- Etc.

QU'EST-CE QUI AIDE LA CRÉATIVITÉ À COULER?

- Esprit du jeu, spontanéité
- Reconnaissance de sa valeur personnelle
- Bonnes habitudes

- Vision positive de soi et de la vie
- Confiance en soi
- Environnement positif
- Réflexion sur sa créativité, i.e. ce qui nous fait sentir vivant
- Protection de la vie créative
- Protection de son temps
- Examen de ses blocages
- Visualisation positive
- L'action : commencer, puis continuer, un petit pas à la fois
- Etc.

EXEMPLE

Pour démontrer comment s'articule un projet quand il suit le rythme du cycle de la créativité, j'ai choisi de vous présenter un exemple concret, soit l'écriture de ce livre. Il y avait longtemps que je jonglais avec l'idée d'écrire un livre, cela m'habitait, mais rien de précis au sujet du contenu ne se manifestait. Alors que je donnais mes premiers ateliers de journal créatif, j'ai tout à coup senti (*étincelle*) que d'écrire un livre sur cette méthode serait un support solide pour mes ateliers. Je me suis mise à parler de ce projet et j'ai griffonné quelques idées puis une table des matières (*naissance*), puis je me suis mise à l'ouvrage avec enthousiasme (*point culminant*). C'est alors que j'ai constaté l'immensité de la tâche et que je me suis sentie prise de lassitude. J'ai délaissé le projet pour quelque temps (*stagnation*). Quand je le reprenais, je n'aimais plus mes premières pages, tout me semblait trop compliqué, je n'avais plus le feu dont j'avais besoin (*déclin*). J'ai tout rangé dans un dossier pour quelques mois, la première étincelle était bel et bien éteinte (*mort*). Mais je continuais à en parler et à y songer, à sentir son «appel», malgré que le livre dorme dans mon classeur (*incubation*). Puis, j'ai eu de nouvelles idées (*étincelle*) et une autre vague d'enthousiasme m'a submergée. Et ainsi de suite, jusqu'à son impression finale. Le processus fut long et souvent difficile. J'ai dû travailler sur mes blocages à plusieurs reprises. C'était un projet de grande envergure et j'étais pleine de peurs et de doutes. Je me suis demandé mille fois pourquoi je m'étais lancée dans une telle aventure. Pourtant, l'étincelle finissait toujours par revenir et je me remettais en branle, un pas à la fois. Connaître le rythme du cycle de la créativité et savoir ce qu'il faut faire pour aider le flot à couler m'a grandement soutenue tout au long de ce projet.

5

Le journal comme pratique spirituelle

Pour beaucoup d'entre nous, la quête de sens et le monde des profondeurs est intimement relié à la spiritualité. J'entends ici spiritualité non pas au sens de religion mais au sens de tout ce qui touche la globalité de l'être. La spiritualité fait référence à l'Esprit, à l'âme, au monde immatériel, et les pratiques spirituelles sont les gestes concrets et symboliques qui en découlent. Le but de ces pratiques est de constamment refaire le lien avec le sacré, avec ce qui appartient à l'âme et qui donne du sens à la vie. Les rituels, la prière, la méditation, les quêtes de vision, le jeûne et le yoga sont des exemples de pratiques spirituelles.

J'en suis venue à voir le journal créatif comme une pratique spirituelle parce que je me suis aperçue que pour moi il remplissait le même rôle que la méditation : il m'aidait à développer le témoin intérieur et à me garder en contact avec mon centre, avec ma vision profonde, au-delà de ma personnalité habituelle. Le but de plusieurs pratiques spirituelles, notamment la méditation, est justement de dépasser la personnalité, ou l'ego, pour développer une conscience plus large. Il s'agit de créer un espace où laisser monter toutes les émotions, pensées et sensations qui nous habitent et de les observer, de les étudier, et enfin de nous dégager de leur emprise en nous reliant avec notre vision la plus large et la plus profonde, celle qu'on peut appeler la vision spirituelle ou encore le divin en soi. Le journal permet de dégager cet espace pour observer tout ce qui nous traverse. Ainsi, il aide à développer le témoin et à entrer en contact avec nos profondeurs pour pouvoir prendre nos décisions à partir de là, en-deçà du niveau superficiel de la personnalité.

Il ne s'agit pas ici de juger ou de dénigrer le mental, les émotions et le corps, qui ont chacun leurs fonctions et qui appartiennent au fait d'être humain. Ils sont nos précieux outils, mais non nos maîtres. Nous devons les accueillir mais non pas en être les esclaves. Être l'esclave de nos pensées, émotions ou sensations c'est s'y identifier, croire qu'elles sont la vérité, leur donner beaucoup de pouvoir sur notre vie. Pour illustrer ceci, prenons une métaphore : la mer. Au-dessus, il y a le mouvement : les vagues, les marées, des tempêtes et des accalmies, parfois des cyclones et des raz-de-marée. En dessous, il y a les profondeurs : silencieuses, calmes, presque immobiles. Si nous nous identifions aux vagues et aux marées, si nous prenons nos décisions selon que le temps est clair ou tourmenté, nous sommes beaucoup plus l'esclave de ces mouvements, de nos émotions ou de nos pensées. Nous croyons que nous sommes notre dépression, que nous sommes notre rôle social, que nous sommes notre succès ou notre échec. Nous prenons des décisions selon nos croyances ou selon les forces inconscientes qui nous habitent. Mais nous ne sommes pas que les vagues, nous sommes toute la mer. Si nous prenons l'habitude de descendre au fond de nous pour prendre nos décisions ou entendre nos réponses, là où c'est beaucoup plus calme et sage, nous ne serons pas projetés sur la berge le jour des grands tourments. Si nous agissons en fonction de notre vision profonde, notre vie sera beaucoup plus harmonieuse et reflétera davantage qui nous sommes vraiment.

Là où le journal est différent de la méditation, c'est qu'il implique une activité dans la matière. Nous mettons dans des mots et des formes ce qui nous habite. Ce processus crée une distance perceptible par les sens entre ce qu'il y a en nous et le témoin qui observe. Voilà notre peine en couleurs et en mots sur le papier, et nous assis à côté à l'observer. C'est de cette façon que le journal participe au développement de la position d'observateur, et qu'ainsi nous arrivons graduellement à moins nous identifier aux crêtes de vagues. En résumé, le journal nous permet d'abord de nous arrêter pour observer nos problèmes, nos émotions, nos dilemmes, nos pensées. Il expose au grand jour leurs couleurs, leurs formes, leurs discours. Puis il nous assiste quand nous voulons descendre plus profondément en nous pour puiser des réponses plus éclairées, plus vraies, plus intuitives. Il nous aide à avoir accès à notre sagesse intérieure, à notre savoir le plus profond. Nous pouvons y avoir une conversation avec une figure ou un symbole de sagesse, ou directement avec Dieu. Nous pouvons poser toutes les questions qui nous habitent et créer l'espace pour sentir monter les réponses.

Pour moi, pour que le journal ait un impact aussi profond, je dois y avoir recours à tous les jours. C'est une pratique quotidienne, et un travail à faire et refaire constamment. C'est un muscle à entraîner, il n'y a pas de destination ou d'illumination finale, c'est un chemin quotidien, un apprentissage, une manière de vivre. C'est parfois enivrant, parfois ennuyant, parfois difficile, parfois génial. La pratique c'est de continuer, pas à pas, jour après jour, peu importe si c'est ennuyeux ou difficile. Ce n'est pas nécessairement une pratique qui correspond aux besoins de tout le monde. Je crois que pour certaines personnes le journal est d'abord un outil pour l'expression de soi et la réflexion sur sa vie. Il le fut pour moi pendant longtemps. Pour d'autres c'est un outil qui inclut le contact avec la spiritualité, mais ce n'est pas nécessairement une pratique quotidienne. C'est aussi ce que j'aime du journal. C'est un outil polyvalent qu'on utilise selon nos besoins.

Le journal n'offre certainement aucune garantie de bonheur, mais c'est un bon outil de travail. Pour reprendre une image qui m'a toujours fait sourire, je dirais que c'est un outil qui peut nous apprendre le surf, au même titre que ce centre de méditation californien qui annonce ses services en montrant un yogi en pagne, en position de yoga, debout sur une planche de surf: « *You can't stop the waves, but you can learn to surf* », peut-on lire sur le panneau publicitaire. On ne peut pas arrêter les vagues de nos pensées et émotions, mais on peut certainement apprendre à naviguer avec grâce.

6

Journal créatif et communauté

Nous vivons dans une période où beaucoup s'inquiètent de l'état de nos communautés et de la planète. On m'a parfois demandé comment cet acte plutôt solitaire d'introspection par le journal créatif pouvait avoir un impact sur la collectivité, pouvait améliorer la situation sociale et la condition de la planète. En effet, on peut passer des années à explorer sa vie intérieure en vase clos, sans jamais vraiment déboucher sur la communauté. Pourtant, avec le temps et les observations que j'ai faites, j'ai acquis la certitude de la valeur sociale de pratiques telles que celle du journal.

J'ai d'abord observé l'effet de la pratique du journal créatif sur moi-même, puis sur les participants à mes ateliers. En ce qui me concerne, cette pratique m'a indéniablement menée à contribuer à ma communauté parce qu'elle m'a aidée à me centrer et à trouver comment articuler ce qui me passionne en activités concrètes qui sont graduellement devenues mon travail. Mon travail n'est donc plus seulement une façon de gagner de l'argent pour régler mes factures, mais plutôt une traduction de mes passions en activités dans la communauté. En d'autres mots, mon implication sociale s'est grandement accrue depuis que mes activités reflètent davantage ce qui me tient vraiment à cœur.

J'ai eu aussi de fréquents témoignages de participants à mes ateliers qui disaient avoir réussi à dépasser une difficulté personnelle, à mener à bien un projet, à découvrir de nouvelles passions, à s'affirmer davantage. Par exemple, une participante très timide de prime abord arrive à s'ouvrir davantage au fil des semaines et témoigne d'un changement radical dans ses relations familiales; une autre écrit un récit sur sa vie où elle révèle un grand secret douloureux qu'elle n'avait jamais partagé et en fait la lecture lors d'un événement public devant plus de 200 personnes – elle rapporte que cette lecture a marqué un grand pas dans sa guérison personnelle.

Comment ces petites victoires personnelles ont-elles une influence positive sur la communauté ? L'équation est simple : l'estime de soi mène au pouvoir personnel qui à son tour mène à l'action. En effet, quand une personne croit qu'elle a de la valeur et que sa vie a de l'importance, elle va naturellement tendre à nourrir sa vie et non pas à la détruire. Elle ne laissera personne abuser d'elle. Elle protégera ce qui a de l'importance à ses yeux et se lèvera pour défendre ses enfants et dénoncer ce qui va à l'encontre de ce en quoi elle croit. Un simple pas vers plus de respect de soi peut avoir un impact sur la communauté parce que guérir nos cœurs est un travail de base qui affecte automatiquement le tissu social. Quand nous sentons la valeur de ce que nous apportons, notre conscience personnelle s'étend tout naturellement au monde qui nous entoure.

Le journal créatif est un outil puissant de prise de décision et de clarté intérieure. Pour moi il est évident que plus les individus qui composent le tissu social seront solides dans ce qu'ils sont et en contact avec la source de vie, plus ils choisiront la vie et la respecteront. Ils se traiteront donc eux-mêmes, les autres, toutes les créatures vivantes ainsi que la terre, avec plus de respect et de révérence. Ils s'impliqueront positivement dans la communauté et seront des citoyens plus créatifs, vivants et inspirants pour les autres.

J'ai choisi pour terminer de vous présenter un exemple très frappant du lien entre le processus créateur et l'action sociale. En janvier 1991, Nathalie Rogers*, une psychothérapeute américaine, participait à un atelier de fin de semaine sur le mouvement authentique, une approche où l'on crée spontanément des mouvements selon nos impulsions intérieures. C'était le temps de la guerre du Golfe, et elle s'était sentie anxieuse et impuissante toute la semaine, pensant à la violence qui rageait à l'autre bout du monde et à l'implication politique de son pays dans ce conflit. À travers le mouvement authentique, elle sent tout l'impact des images vues au cours de la semaine sur son corps et elle tente de l'exprimer. La nuit suivante elle n'arrive pas à dormir et soudainement, elle qui n'écrit jamais de poésie, elle sent un long poème sortir d'elle-même. C'est un message contre la guerre,

---

* *The Creative Connection*, Palo Alto, CA, Science and Behavior Books, 1993.

très puissant et émotif. Elle l'écrit et le jour suivant le lit à son groupe. Tous l'encouragent à le faire lire sur les ondes et à l'envoyer aux leaders politiques, ce qu'elle fait dès son retour chez elle. Son poème est lu en ondes plusieurs fois et envoyé à 35 leaders politiques, leur demandant d'agir.

Dans cet exemple, il est clair que c'est le processus créateur, et non une décision rationnelle, qui a mené à une action sociale. Le processus créateur passe par l'expérimentation, le jeu des idées et des formes, le contact avec l'intuition et les profondeurs, avec le mystère et l'inconnu. La créativité et l'expression de soi entraînent donc une façon de penser plus indépendante et spontanée, et ainsi génèrent des citoyens moins conformistes et plus inventifs. La créativité est le contraire du conformisme et elle fait peur à beaucoup d'entre nous parce qu'elle questionne et bouscule, affirme la différence et le droit d'être soi. À l'extrême, nous voyons l'exemple des dictatures qui s'évertuent à écraser toute manifestation de pensée libre ou créative pour s'assurer un conformisme de masse qui leur permet de conserver le pouvoir. Selon moi il est urgent d'être plus créatifs et moins conformistes. Il est urgent de suivre notre cœur, nos appels, notre vie. Il est urgent de créer sa vie plutôt que de suivre des modèles, des rôles préassignés. Diriger sa quête personnelle vers le monde est nécessaire, parce que la terre a besoin de gens plus éveillés, plus créateurs, plus vivants.

Nous ne sommes pas séparés de la communauté dans laquelle nous vivons. Nous ne sommes pas séparés des plantes et des animaux avec qui nous partageons la planète. Nous avons la responsabilité d'être plus en vie et de promouvoir la vie. Ce sont nos blessures et notre ignorance qui nous mènent vers des mauvais choix pour nous, les autres ou la terre. C'est pourquoi prendre soin de soi est nécessaire. Nous sommes tous liés, interreliés. Ce qui arrive à la planète est un reflet de ce qui nous arrive individuellement. De là l'urgence de se réveiller et de donner de la grandeur à nos propres vies. Non pas une fausse grandeur basée sur nos souffrances mais fondée plutôt sur la reconnaissance de notre valeur et de notre pouvoir de contribuer positivement au monde que nous habitons.

DEUXIÈME PARTIE

LES TECHNIQUES

Il y a de multiples techniques qui supportent le travail du journal créatif. Avec l'usage, vous verrez qu'elles s'imbriquent les unes dans les autres et qu'elles se mélangent de mille et une façons. Dans cette partie, je les ai organisées de façon structurée pour vous permettre de bien comprendre la nature et le fonctionnement de chacune.

Vous trouverez d'abord les techniques d'écriture et les variantes du dessin spontané, traitées séparément. Il sera ensuite question des combinaisons particulières entre ces deux modes d'expression. Par après, je traiterai brièvement de l'usage de la main non-dominante et pour terminer vous trouverez quelques pistes de travail hors journal. Vous pouvez consulter la table des matières en page 261 pour la liste détaillée des techniques.

Cette partie n'est pas conçue pour être lue d'un bout à l'autre mais plutôt pour être consultée quand vous expérimentez avec une technique ou quand vous travaillez avec les exercices de la troisième partie. Quand vous aurez pratiqué un certain temps, vous développerez probablement des préférences pour certaines techniques et des façons de fonctionner bien à vous. C'est parfait comme ça !

7

Les techniques d'écriture

On dit que l'écriture fait davantage référence au mode de pensée rationnel, qu'elle complète le dessin en ce qu'elle tend à articuler, structurer et organiser ce qui se passe à l'intérieur de soi et ce qui se manifeste dans les dessins. Elle est en effet très utile pour articuler de façon concrète nos sentis et nos intuitions et ainsi arriver à organiser notre vie de façon à aller dans la direction de ces visions ou sentis. Il semble donc que l'écriture aide à l'intégration au niveau conscient du matériel symbolique surgi des dessins.

Si tout cela est vrai, l'écriture est loin de n'agir que de cette façon. Elle peut aussi nous donner accès au monde intuitif. En effet, la plupart des techniques d'écriture décrites dans ce chapitre ont pour but de dépasser le mode rationnel pour avoir accès à nos inspirations les plus profondes. Elles éclatent les structures habituelles pour stimuler le processus créateur, développer l'esprit du jeu et ainsi aborder toute la richesse intérieure. De nombreux auteurs témoignent de la puissance de telles techniques et j'en suis moi-même témoin continuellement, dans mes ateliers et ma vie personnelle.

L'ÉCRITURE RAPIDE

L'écriture rapide, aussi appelée écriture spontanée ou écriture automatique, est une puissante technique d'écriture visant à dépasser le niveau superficiel de nos conversations mentales pour retrouver le chemin vers le centre de soi. C'est un des outils de base les plus utilisés en écriture créative, parce qu'il est efficace. Il part du principe que nous nous censurons énormément dans l'écriture plus réfléchie ou plus consciente et que nous bloquons l'accès à du matériel plus riche et plus inconscient. Nous vivons beaucoup dans notre tête, nous analysons nos problèmes et questions à outrance et ne nous permettons pas de plonger dans le monde moins défini de nos sensations et impressions, de nos intuitions et de nos flashs. C'est pourtant souvent là que se trouvent les réponses. La pratique quotidienne de l'écriture rapide donne des résultats incroyables.

Procédure : Écrire sans interruption pour un nombre de minutes ou de pages déterminé d'avance (ex. 20 min. ou 3 pages). Cette règle crée l'obligation de continuer à écrire même si on s'ennuie ou on croit n'avoir plus rien à dire. Poursuivre passé ce point amène des éléments inédits, surprenants et souvent très révélateurs. Il faut laisser la main courir sur le papier, sans se relire ni se soucier de la grammaire ou de l'orthographe, sans raturer. Laisser se coucher sur le papier toutes les pensées, même les plus insipides ou désordonnées, sans en interrompre le flux. Il vous arrivera de bloquer, de figer, de paniquer, c'est normal. Il s'agit alors de... continuer.

Trucs : Quand vous sentez un blanc, voici quelques suggestions : écrivez directement sur le sujet : « Je suis bloquée, je n'ai RIEN à dire, qu'est-ce que je fais ici... »; insérez des questions de fond, par exemple : « Qu'est-ce que je veux vraiment dire ? »; posez les questions à quelqu'un qui pour vous est un modèle de sagesse : « Qu'est-ce que tu en penses, tante Margot ? », « Et toi, Dieu, qu'en penses-tu ? » (voir exemple page 147).

Variantes : Utiliser comme point de départ un sujet précis ou une question que l'on peut réinsérer régulièrement dans le texte. Par exemple, si vous voulez explorer votre identité vous pourriez commencer toutes les phrases par « Je suis... ».

Matin d'été, grillons qui chantent, campagne verte.
Je suis tranquille. Le café est bon. Hier j'avais
une boule de stress dans le ventre, j'arrivais pas
à respirer, je passais d'une tâche à l'autre
comme mue par un ressort. Je déteste ça.
Aujourd'hui je suis plus calme mais on dirait
que je m'ennuie. Rien à écrire, rien à dire,
je ne sens rien. Ça ne me tente pas d'écrire
tout ce qui me passe par la tête, c'est tellement
moche des fois, j'ai l'impression d'aligner des
pages d'âneries. Des pages de pensées qui traversent
le cerveau sans crier gare, qui encombrent la place,
qui gémissent ou balbutient, qui veulent se faire entendre
bla bla bla quel défilé tiède et fétide et sans intérêt
Que c'est triste ces pensées sans fin qui se bousculent, qui
se poussent pour arriver à la pointe de l'encre de mon
stylo. Il y a 10 pensées simultanées pour une qui arrive
au bout de mes doigts. Les autres sont frustrées elles
créent du brouhaha n'ont pas beaucoup de substance, elles
s'effilochent dès qu'on pose le regard sur elles — Quelle
aberration que ces pages, et pourtant je m'amuse
quand je vois ça, je souris, je sens quelque chose qui
monte tout à coup, qu'est-ce que c'est ? un vent de
fraîcheur, un feu qui pétille, un désir de vivre et
d'explorer, d'oser ne plus avoir peur jamais, juste plonger et
plonger, suivre le filon de la vie, être heureuse, tout

Écriture rapide (extrait).

LA PHRASE DÉCLENCHEUR

La phrase déclencheur vise à briser nos hésitations de départ, elle nous propulse dans l'écriture de façon dynamique, stimule l'imagination et encourage l'esprit du jeu. C'est l'étincelle qui fait partir le moteur... Les livres sur l'écriture créative regorgent d'exercices allant dans ce sens. Cette technique est le plus souvent combinée à l'écriture rapide et le nombre de minutes est déterminé d'avance, ce qui crée un dynamisme stimulant. On peut aussi s'en servir de façon répétitive en insérant la phrase déclencheur régulièrement dans l'écriture ou en commençant toutes les phrases de la même façon. En atelier, j'utilise souvent la technique de la phrase déclencheur comme exercice de réchauffement, en donnant une limite de temps courte (ex: trois exercices de trois minutes), ou encore comme jeu pour se détendre à la fin d'une session en faisant tirer au hasard des débuts de phrases ou des thèmes.

Procédure :

La plus fréquente: Déterminer le nombre de minutes que l'on veut consacrer à un sujet, cela pouvant être aussi court que 2 ou 3 minutes ou aussi long que 20 à 30 minutes. Les exercices courts favorisent davantage le jeu. Choisir la phrase déclencheur, de préférence au hasard – on peut l'extraire d'un livre ou d'un magazine, en écrire plusieurs sur des petits papiers et la tirer, ou demander à quelqu'un de nous en suggérer une. Voici quelques suggestions: je me suis regardé dans le miroir et...; j'ai ouvert la porte et...; je me rappelle...; ça fait longtemps que...; je me demandais si...; j'ai vraiment souffert de...; mon plus grand regret c'est..., etc.

Autre procédure: Cette façon de faire vise davantage l'introspection que le jeu, et les exercices sont en général plus longs. Choisir soi-même la phrase déclencheur en fonction du thème que l'on veut travailler (ex: je suis déprimé parce que...; je me sens appelé par...; je rêve que...; etc.) et choisir une des trois options suivantes: simplement démarrer le texte avec sa phrase; la réinsérer dans l'écriture quand on sent que ça ralentit; débuter toutes les phrases de la même façon.

Je me suis regardée dans le miroir et j'ai vu, oh j'ai vu... la femme que j'étais devenue. Quelques rides pas encore trop profondes, des rondeurs autour du visage, encore les mêmes yeux qu'à 5 ou 6 ans sur les photos. Peut-être un trait qui parle des soucis, là, entre les sourcils, vertical. Je me trouvais sérieuse. Un peu triste peut-être. Une femme jeune et vieille en même temps. Une femme pleine de vie et fatiguée, en même temps. Une femme qui s'aime et ne s'aime pas. C'était moi, tout ça.

Je courais sur la plage et je me sentais tellement libre et un peu folle! J'avais tout plaqué pour venir ici, sentir ces odeurs, voir cette mer qui toujours m'avait tellement rempli le cœur et ravi les sens. Je sentais mes pieds s'agripper au sable un peu mouillé. Je sentais les muscles de mes jambes se tendre. Je sentais l'air dans mes poumons, l'odeur surtout. Je sentais l'incroyable liberté. Je sentais la joie dans mon cœur, l'espace dans mes yeux, l'horizon dans ma tête. J'étais pleine à craquer, le cœur qui déborde, la vie qui éclate, j'étais là, entière, comblée.

La phrase déclencheur: Deux exercices de 3 minutes faits par la même femme dans un atelier. Elle rapporte que le premier était très réaliste tandis que le deuxième l'a amenée dans ses fantaisies et dans ses sens.

Variantes:

- Se créer une banque de phrases à partir de découpures de magazines ou de phrases écrites soi-même et en tirer une au besoin;

- Combiner à la technique de l'écriture en folie (page 70);

- Le thème déclencheur: au lieu de démarrer avec une phrase on démarre avec un thème, par ex.: «écrivez 5 minutes sur votre première histoire d'amour...»

LE DIALOGUE

C'est une technique consistant à entrer en conversation imaginaire avec une autre partie de soi, une personne (fictive ou réelle), un objet, un symbole, un élément d'un dessin ou d'un rêve, etc. Elle part du principe que nous avons une multitude de voix à l'intérieur, une possibilité peu exploitée de regarder les choses sous autant d'angles différents. Nous nous cantonnons souvent dans une position, celle qui domine, et nous nous identifions à elle, perdant ainsi toute perspective plus large. On n'a donc qu'un tableau partiel des situations. Le dialogue sert à regarder les autres points de vue, à avoir un tableau plus complet de ce qui se passe. Il donne accès à des voix intérieures insoupçonnées, à des aspects oubliés ou négligés de soi-même. Il suscite parfois des réserves et de l'inconfort au début, on se demande comment on peut savoir ce que quelqu'un d'autre, ou même quelque chose d'abstrait comme un mal de tête, pourrait bien avoir à nous dire. Passé ce premier stade, la plupart des gens considèrent le dialogue comme un outil inestimable et une façon très dynamique de découvrir d'autres facettes d'un problème ou d'eux-mêmes.

Procédure: Écrire rapidement, en essayant de ne pas trop faire intervenir le mental. Débuter le dialogue en indiquant par ses initiales la partie qui parle (par ex.: *A* pour André, *MT* pour mal de tête) et écrire jusqu'à ce que cette voix se taise. Passer à l'autre élément en indiquant ses initiales et ainsi de suite. Inviter l'autre partie à se manifester en posant des questions du genre «qu'as-tu à me dire?»; «que puis-je faire pour toi?», etc. Je suggère souvent de remercier la deuxième voix en terminant, pour créer une atmosphère de respect.

A: Pourquoi cette obsession, ce discours mental qui me rend folle?

S: Pour que tu le voies, ma chère. Pour que tu ne le manques pas cette fois-ci.

A: Oui je le vois et puis quoi? Quoi faire avec? J'ai mal à regarder tout ça.

S: C'est que tu ne le regardes pas! Tu t'y identifies, tu penses que c'est réel.

A: Et alors? C'est pas réel ce que je vis?

S: Non, justement... c'est une illusion. Tu es prise dans ton cirque intérieur, empêtrée dans des rôles qui te font mal. Tout ce que tu as à faire c'est d'arrêter de jouer!

A: Plus facile à dire qu'à faire.

S: Il n'y a pas d'autre façon. Il n'y a pas d'échappatoire. Tu peux bien essayer ce que tu veux mais tu ne peux pas t'identifier à ces drames-là et penser que ça ne fera pas mal.

A: Oui, OK. Mais c'est quoi tous ces drames? De quoi ils parlent?

S: Ils parlent d'avoir mal d'être séparée de ton âme, de ne pas te sentir chez toi en toi. Ils parlent du désir de faire le travail que tu es appelée à faire. C'est de ça qu'ils parlent. Ils te disent de suivre ton cœur, moment après moment, et aller où il te dit d'aller.

A: Et si mon cœur est divisé? Veut aller à deux places?

S: Il y a un niveau plus profond alors. Tu ne vas pas assez creux. Tu dois descendre plus profondément en toi, où il n'y a pas de division, mais la clarté.

A: Je comprends. Ah... merci d'être là pour moi.

S: Tu n'as qu'à me demander et je serai là.

Dialogue entre Andrée (A) et un sage intérieur (S), sur des dilemmes personnels liés au travail.

Trucs: Lors d'un blocage, écrire les deux ou trois premières interactions quand même, même si elles semblent peu naturelles. En général, il y a un réchauffement qui s'opère, et le dialogue se met à couler davantage.

Variantes:

- Dialogue main droite/main gauche (voir chapitre sur l'usage de l'autre main pour plus de détails) (voir exemple page 135);
- Dialogue avec l'image (voir technique page 108).

LA LETTRE FICTIVE

Il s'agit d'écrire dans son journal une lettre que l'on n'enverra pas. En général, elle s'adresse à quelqu'un de réel mais elle peut aussi être écrite pour un personnage fictif, une partie de soi ou d'un dessin, etc. Cette technique est le plus souvent utilisée pour se vider le cœur en écrivant à une personne avec qui nous avons un conflit ou de vieux ressentiments. Écrire ainsi permet de ventiler et peut paver le chemin vers une résolution du problème. Cela peut aussi servir de préparation avant d'écrire une lettre réelle. La lettre fictive est d'autant plus utile quand la personne n'est plus accessible (décédée, dont on a perdu la trace ou avec qui on ne peut plus entrer en relation). Un usage moins répandu de la lettre est de s'écrire à soi-même, de la perspective de l'autre interlocuteur, réel ou imaginaire. On peut par exemple s'écrire une lettre d'encouragement de la part d'une figure aimante. Comme pour le dialogue, cette technique permet de donner une voix à des parties négligées ou méconnues de soi, ou simplement d'élargir notre perspective habituelle. Ainsi, on peut par exemple faire parler notre patron ou notre mal de dos, notre guide intérieur ou un personnage d'un rêve. Cette technique se différencie de certaines autres parce qu'elle prend toujours la forme d'une lettre.

Procédure: Écrire simplement comme une lettre régulière: «Cher papa...». Pour les lettres écrites dans la perspective de quelqu'un d'autre, écrire «cher (votre nom)»... et poursuivre, en imaginant ce que la personne dirait.

Trucs: Surtout dans le cas des lettres écrites dans la perspective de quelqu'un d'autre, écrire rapidement et si nécessaire, se forcer à écrire les deux ou trois premières lignes pour que le réchauffement se fasse.

Chère N.,

Tant d'années ont passé et toujours notre histoire me revient. Je rêve de toi la nuit deux ou trois fois par année et chaque fois j'essaie de te parler, je te demande pourquoi pourquoi pourquoi, pourquoi tu m'as tourné le dos sans aucune explication. Ça fait 20 ans de ça et je porte encore ce rejet!! Les dernières années ton image s'est estompée dans mes rêves, tu es plus loin et je suis moins empressée d'aller te parler. Il était temps, tu me diras! C'est pour continuer ce mouvement qu'aujourd'hui j'ai eu envie de t'écrire - pour essayer une fois pour toutes de me libérer du désir de savoir pourquoi. Parce que je comprends bien que je ne peux te forcer à ouvrir ton cœur et me donner des raisons, et qu'en bout de ligne ces raisons ne m'appartiennent pas... C'est ça mon problème, tu m'as rejetée pour des raisons que j'ignore et que tu as refusé de me dire, et je l'ai pris personnel! C'est là que je peux intervenir. Oui bien sûr ça fait mal de se faire rejeter mais quand même, je trouve que de porter encore ce pourquoi est un signe que quelque chose de cette blessure est bien à moi. En fait, tu n'as fait qu'appuyer sur le bouton de mes grands doutes et tu as activé une blessure que j'avais déjà... C'est de ça que je dois m'occuper et non pas de fouiller tes raisons... alors adieu N. je m'en vais m'occuper de mes bobos et toi tu peux continuer ta route, je te libère de mon enquête sempiternelle!

Sincèrement,

L.

Chère petite,

Je te porte dans mon cœur, pour toujours. Je te veux bien et libre, je veux que tu respires et que tu t'étires dans toute ta grandeur. Que tu sois heureuse. Que tu te sentes en sécurité. Je suis là pour te protéger, t'entourer, te donner ce dont tu as besoin. Je sais que tu as été blessée et que tu as très peur mais tu n'es plus seule. Moi, l'adulte, je suis là et je ne t'abandonnerai jamais. JAMAIS. Les autres vont et viennent, moi je reste. Je reste. Je serai toujours là. Toujours. Même au jour de notre mort je te tiendrai près de moi. Nous sommes inséparables et je suis assez forte et assez grande et assez saine pour bien prendre soin de toi. Et tu sais il y a la Vie aussi, il y a Dieu, peu importe le nom que tu lui donnes, et il y a la glorieuse nature qui nous nourrit. Tu n'as plus rien à craindre. Tu es faite forte, tu as le droit d'être en vie, de vivre, d'être toute là. Je t'aime, pour toujours...

C.

Deux types de *lettre fictive*: la première s'adresse à une personne réelle, avec qui L. a un problème non résolu et la seconde est une lettre de l'adulte à l'enfant intérieur.

Variantes :

- Quand on parle de la perspective de l'enfant en soi, écrire sa lettre de la main non-dominante (voir technique page 118);

- Un dessin ou une partie d'un dessin vous écrit une lettre (voir exemple page 203).

L'AUTRE POINT DE VUE

La technique de l'autre point de vue consiste à écrire en changeant de position, donc en devenant l'autre ou en écrivant sur soi comme si on était quelqu'un d'autre. On écrira donc sur soi à la troisième personne (il ou elle) ou sur les autres à la première personne (je). Cette technique aide à se distancer émotionnellement de sa propre situation ou à regarder les choses sous l'angle de l'autre. Dans les deux cas, cela crée de la perspective et aide à se dégager de nos prises de position habituelles et parfois sclérosées. Parler de soi à la troisième personne aide à se voir plus objectivement, et de l'autre côté, se mettre dans les souliers de quelqu'un d'autre peut permettre de comprendre ses motivations et ses perceptions.

Procédure : Écrire sur soi à la troisième personne est simple : « Elle se sentait moche ce matin... », et suivre le cours habituel de l'écriture de cette façon. Dans l'autre sens, on s'imagine ce que l'autre personne peut sentir et on écrit en utilisant le « je ».

Trucs : En écrivant le point de vue de quelqu'un d'autre, il peut être utile de mettre un en-tête : « point de vue de Pierre », par exemple.

Variantes :

- Écrire en partant de soi mais en changeant le temps ou le lieu, c'est-à-dire en écrivant selon le point de vue du futur ou du passé, en commençant par la date fictive, ou en écrivant comme si vous étiez dans un autre endroit, en commençant, par exemple, par « San Francisco, date... »

«Il y a l'homme qui balaie et il y a l'enfant qui dort. Puis il y a elle, une femme dans la trentaine, elle descend au sous-sol et ouvre un cahier aux pages blanches où elle inscrit tout tout tout. Tout ce qu'elle vit à l'intérieur, tout ce qu'elle vit à l'extérieur. Elle est seule dans son monde privé et elle aime ça. Ce n'est pas une solitude douloureuse, c'est une solitude tranquille, paisible, pleine de ce qu'il y a à l'intérieur d'elle. Pleine de tableaux colorés, pleine d'odeurs d'été, pleine de petits gestes tranquilles. Elle va faire sa vie tout doucement, elle va retrouver le chemin de sa vie du cœur. Son enfant l'accompagne mais ne traîne pas sous ses jupes. D'ailleurs elle n'en porte guère. Elle a en elle le destin des matins solitaires et de la création. Elle a en elle de créer ce qu'elle porte.»

Point de vue de D.

«R., arrête s'il te plaît de me juger... J'ai simplement besoin de me dire, j'ai besoin de sentir les autres, j'ai besoin d'être aimée! J'aime le monde mouvant des émotions humaines, pourquoi as-tu si peur de moi? C'est la dernière chose au monde que je veux, te faire peur! Ne me rejette pas... Quand tu te refermes comme ça, aussitôt que j'exprime une émotion, je me sens étouffer par en dedans, comme honteuse d'être ce que je suis, simplement. Je sais que tu me vois comme envahissante, comme une pieuvre à tentacules mais crois-moi, j'essaie seulement de capter ton attention! Tu es si fermé que je rue dans les brancards, j'ai l'impression que je dois m'exprimer pour deux dans cette maison!»

(L'homme qui a écrit ces lignes rapporte que cet exercice l'a aidé à mieux accepter l'émotivité de sa conjointe).

L'autre point de vue, deux variantes: dans la première, une femme parle d'elle à la troisième personne et dans la seconde, un homme parle de sa conjointe au «je».

LES AFFIRMATIONS POSITIVES

Il s'est écrit de nombreux ouvrages sur la puissance de la pensée pour créer ses conditions de vie. Par exemple, il semble que quelqu'un qui pense en victime va se créer inconsciemment des situations où il est victime. Inversement, celui qui pense positivement aura plus de chance de se créer des situations positives. De ces constatations sont nées toutes sortes de techniques telles les affirmations positives pour attirer dans sa vie ce que l'on désire, autant la paix du cœur que l'homme de ses rêves ou une piscine creusée. À mon avis, il faut utiliser ces techniques avec précaution, parce qu'elles comportent un grand danger, celui de projeter son bonheur dans des choses extérieures ou dans un futur hypothétiquement meilleur. Les affirmations positives sont un outil pour nous aider à sentir l'infinité de possibilités que nous offre la vie et pour nous soutenir dans notre processus de guérison. Elles ne doivent pas nous voler le moment présent ni nous servir à nier nos zones d'ombre et nos blessures.

Procédure : Il y a plusieurs façons de procéder. On peut simplement dresser une liste de toutes les affirmations positives qui nous viennent en rapport avec une situation donnée, ou faire un diagramme où on opposera nos pensées négatives aux pensées positives que l'on veut développer. Dans ce dernier cas, par exemple, on répondra «je suis précieuse» à «je ne vaux rien» (voir exemple page 167).

Variantes :

- Écrire l'affirmation choisie en haut d'une page et faire un dessin pour l'illustrer;

- Entourer un dessin spontané d'affirmations positives;

- Reproduire l'affirmation sur grand format et l'afficher dans un endroit en vue.

Affirmation positive selon la première variante mentionnée.

L'ÉCRITURE EN FOLIE

L'écriture en folie, c'est écrire de façon inhabituelle, en ne suivant pas de lignes ni en allant de gauche à droite. Il s'agit d'écrire de façon continue, selon une forme ou complètement librement. J'utilise généralement deux modèles différents d'écriture en folie: *l'écriture en spirale* et *le crayon fou.* Ces techniques visent à relâcher le contrôle que l'on exerce sur la pensée, à se laisser aller et à stimuler l'imagination. En écrivant de cette façon il est difficile de se relire. On a donc tendance à écrire de façon plus spontanée et plus libre. Cette technique amène un esprit de jeu et crée un plaisir et une détente agréable. Elle est très utile pour débloquer le flot de la créativité.

Procédure: *L'écriture en spirale* consiste à commencer son texte au centre de la page et à écrire en tournant lentement le cahier et en élargissant graduellement de manière à former une spirale. On peut évidemment faire aussi une spirale qui part de la périphérie pour se terminer au centre. *Le crayon fou,* c'est écrire dans n'importe quelle direction, en suivant sa fantaisie et en tournant le cahier au besoin. Les lignes peuvent se croiser (voir exemple page 139).

Trucs: Détendez-vous, amusez-vous!

Variantes:

- Coller une image ou faire un petit dessin au centre de la page et écrire en spirale autour de cette image;

- Dessiner sur la page un crayon où il est écrit « crayon fou » et partir l'écriture de la pointe du crayon;

- Lors de l'écriture d'un texte régulier qui stagne, se mettre à écrire en crayon fou au beau milieu du texte;

- Écrire en rectangle, en suivant la forme du cahier et en partant de la périphérie.

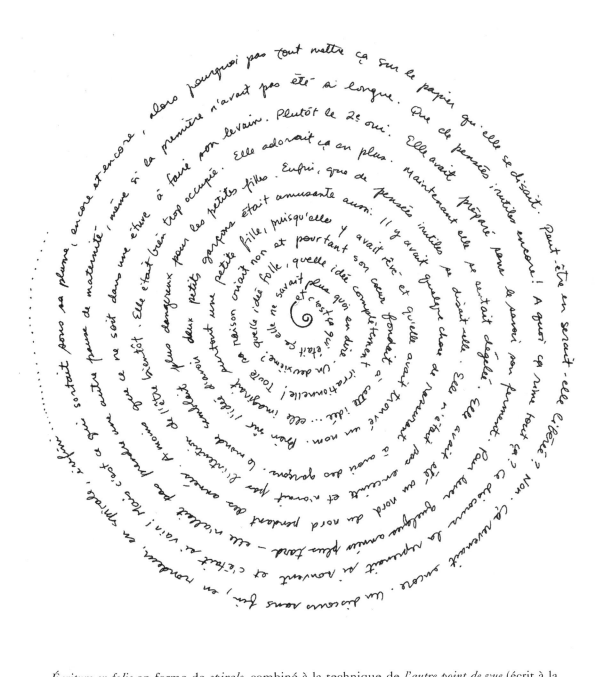

Écriture en folie en forme de *spirale*, combiné à la technique de *l'autre point de vue* (écrit à la troisième personne).

LES LISTES

La liste consiste simplement à énumérer tous les mots qui nous viennent en tête sur un sujet prédéterminé, pour en faire l'inventaire en quelque sorte. La liste est utile quand on se sent dépassé ou éparpillé, ou simplement quand on veut établir une base pour travailler. Elle condense l'information, elle est un raccourci qui aide à se centrer, à apprivoiser le sujet. Elle sert souvent de point de départ pour un autre exercice, se combinant alors à d'autres techniques. Il y a les listes simples qui sont plus réfléchies et consistent à simplement énumérer quelque chose (ex: dressez la liste de vos forces) et les listes genre *brainstorming* qui sont plus spontanées et peuvent s'éloigner davantage du sujet initial (ex: faites la liste de tout ce qui vous vient en tête quand on vous dit le mot « créativité »). Les listes *brainstorming* visent à élargir la perspective sur un sujet, à amener des imprévus et possiblement de nouvelles idées, moins conscientes.

Procédure: Pas de règles pour les listes simples: simplement faire la liste des items. Pour les listes en *brainstorming*, écrire le mot clé en tête de liste puis défiler tout ce qui vient en tête, sans trop s'arrêter ni réfléchir.

Variantes:

- Choisir un élément d'une liste sur lequel on veut se pencher et poursuivre le travail en le dessinant puis en entrant en dialogue avec lui;

- Après une liste *brainstorming*, écrire ses impressions générales pour faire ressortir le thème central;

- Faire la liste des moments charnières de sa vie pour avoir une vue d'ensemble et pour pouvoir travailler sur une période en particulier;

- Note: le diagramme en bulles (page 74) est une variante du *brainstorming*.

LISTE DE PEURS

Être abandonnée

Souffrir

Mourir trop vite

Mourir tout court

Manquer d'amour

Manquer de sexe

Manquer de temps

Perdre mon enfant

Le voir souffrir

Me tromper

Vieillir mal

Grossir

Peur du ridicule

Vivre mal

Être malade

Avoir le cancer

Peur de la cupidité

Peur du développement
   économique sauvage

Peur des gouvernements

Peur de la corruption

Peur d'être violée

Peur des OGM

Peur des autres

Que mon conjoint meure

Qu'il parte

Peur des accidents d'auto

Peur des vaccins

Peur du vide

Peur de ne rien sentir

Peur de trop sentir

Peur de la violence

Peur du futur

Peur de rater ma vie

Peur de la pollution

De la guerre

De ma violence

De ne pas être à la hauteur

De me blesser

De ma colère

Peur d'avoir peur

Peur de vivre sans peurs!

«PEURS, PEURS, PEURS, faites de l'air! Je ne veux plus avoir peur, je ne veux plus être limitée, étranglée, contrôlée, torturée par mes peurs. Allez, Adios! Je choisis la confiance!!»

Liste brainstorming, accompagnée de réflexions suite à l'exercice.

LES DIAGRAMMES ÉCRITS

Le diagramme est une manière visuelle de classer ses idées, d'illustrer des dilemmes ou des questions de façon organisée, de travailler un sujet. Selon le cas, il permet aussi de stimuler sa réflexion et d'élargir sa perspective sur un sujet. Comme le dessin est très fréquemment utilisé en combinaison avec l'écriture dans le diagramme, vous trouverez des variantes intéressantes dans le chapitre *Les variantes du dessin*. Il y a néanmoins quelques modèles de diagrammes où peut primer l'écriture, et ce sont ceux-là que je vous présente ici :

- le diagramme en bulles
- le diagramme en colonnes
- le diagramme en cercle

A) Le diagramme en bulles

Cette technique a les mêmes objectifs que la liste genre *brainstorming* mais au lieu d'une liste de mots ou d'une chaîne d'associations, c'est une « carte », donc une manière plus visuelle de faire des associations d'idées. Au lieu de faire une liste ou un texte, on part d'un centre pour aller vers la périphérie. Les mots sont écrits dans des cercles ou des bulles et sont donc disposés de façon à ce qu'une idée secondaire amène une idée tertiaire, etc. C'est une technique intéressante dans le sens qu'elle tend à inclure davantage de sensations et d'images que les deux autres méthodes. Le diagramme en bulles aide à donner de la perspective sur un sujet et à élargir notre point de vue. Il stimule l'imagination et peut servir de point de départ pour un autre exercice.

Procédure : Écrire le mot clé au centre de la page dans un cercle, puis toutes les idées secondaires directement autour dans d'autres cercles, reliés par un trait. Les idées tertiaires s'attachent aux deuxièmes cercles et ainsi de suite (voir exemple). À la fin, il est bon de relire le tout et de s'imprégner de l'effet du diagramme, pour ensuite écrire ses impressions et conclusions, ou encore de choisir certains aspects à travailler plus en profondeur.

Trucs : Oublier le mot central quand on travaille à partir des mots secondaires.

Diagramme en bulles à partir d'un mot choisi au hasard, suivi d'un court poème composé de mots sélectionnés dans le diagramme.

Variantes :

- Variantes de mots clés pour débuter le diagramme : thème de la vie courante (ex : mariage, colère...) ; thème abstrait ou poétique (ex : silence, couleur...) ; expression (ex : «vivre dans le passé» ou «j'en ai plein le dos») ; mot choisi au hasard dans un magazine ; mot tiré d'un premier diagramme ;

- Après avoir fait le diagramme, le relire et choisir 5 ou 6 mots importants à partir desquels on écrira un poème.

B) Le diagramme en colonnes

Le diagramme en colonnes est certainement le type de diagramme le plus courant. On voit souvent des gens tracer spontanément deux colonnes pour faire une liste des pour et des contre concernant un choix à faire. Mettre les éléments d'une question ou d'un problème en colonnes aide à organiser ses idées, donnant une vue d'ensemble et aidant à comparer des options. Selon ses besoins ou selon le thème travaillé, on peut faire autant de colonnes que l'on veut. Les variantes sont infinies. Je l'utilise la plupart du temps dans deux circonstances : pour opposer une liste d'éléments négatifs à une liste d'éléments positifs ou pour schématiser les étapes d'une réflexion ou d'un projet.

Procédure : Variantes infinies. Voici 4 procédures courantes :

- *Pour aider à faire un choix :* tracer autant de colonnes qu'il y a d'options et écrire dans les colonnes tout ce que l'on sent par rapport à chaque option.

- *Pour s'aider dans un projet :* plusieurs variantes, deux exemples : a) illustrer en 3 colonnes, de gauche à droite : où on en est ; ce qui bloque ou ce qu'il y a à faire ; où on s'en va ; b) illustrer en 4 colonnes, de gauche à droite : liste de projets ; priorités ; actions ; affirmations positives sur le résultat escompté.

- *Pour alimenter une réflexion :* plusieurs variantes, deux exemples : a) réflexion sur un problème, en 4 colonnes, de gauche à droite : pensées ; émotions ; sensations ; ce qui ressort ; b) faire le point sur sa vie en 3 colonnes, de gauche à droite : d'où je viens ; où j'en suis ; où je m'en vais.

D'où je viens

J'ai plongé dans mon histoire, j'en avais besoin.

Ma vie, déjà rêveuse, a accueilli le passé.

Et, avec ses images, ses sons, ses odeurs, ses mots, ses gestes, les sentiments; la vie dans le récit que j'en gardais, moi; le passé s'est éclairé.

Ma vie, lentement, a retrouvé son âge.

Mais le réflexe de celle qui creuse, qui cherche... a fait de moi, par moment, "celle qui n'est pas là, tirée vers l'arrière de sa vie"... comme une vieille!!!

J'avais des "excès de jeunesse" (!) pour balancer le tout. Ma passion véhémente se vengeait alors de supporter un poids que la jeunesse, en général, ne supporte pas.

J'ai toujours cru au bonheur. J'y crois encore!! Je le vis tous les jours un peu... ou beaucoup!

J'ai beaucoup creusé, j'ai beaucoup parlé et «tout foutu en l'air» comme une bandit qui cherche quelque chose.

Où j'en suis

* J'en suis à écouter.
* J'en suis au geste; celui qui vaut 1000 mots.

* Mon histoire trouve sa place dans celle du Monde.

* Je suis une petite vie dans la grande vie, la grande vie m'a traversée et une autre petite vie est sortie de moi. Avec ça, il y a un nouveau sourire dans ma chair, et l'âme respire dans ce bonheur.

* J'en suis au ménage
* Je me concentre à vider le mensonge de ma vie.

* Je laisse la vie m'apprendre.

* Je me repose, d'un vrai repos. Doucement, je vis ce que j'ai à vivre. Je découvre, et surtout, j'accepte mes limites et mes désirs.

* Je classe les feuilles volatiles de mes écrits du passé. Je suis touchée, emplie de compassion et d'étonnement en relisant les lignes de ma prime lutte... une lutte dont le cœur n'a pas changé, seulement la forme évolue, s'épure, se resalit, s'épure à nouveau...

* Je crois aux saisons.
* Je vis pour la vie! La vie c'est l'amour.

* La situation sur la planète m'inquiète. Je remets en question des valeurs de notre société. Et moi, je suis en train de me demander où j'en suis face à tout ça.

Qu'est-ce qui m'appelle

* L'agir

* Danser, voyager, écrire, chanter, AIMER, rire, jouer, dire, peindre.... faire de la musique... et des fêtes!

* Mettre mes limites face aux autres.

* Continuer à découvrir ma force, ma féminité, mon «homminité»; mon humanité.

* Donner l'attention et les occasions à ma CONFIANCE, pour qu'elle se développe... de son enveloppe amoindrissante.

* Réaliser mon désir de théâtre, de film.

* Faire des gestes qui prennent soin de la vie; dans certains cas, qui protègent la survie! [Je veux sauver des arbres!]

* «Faut que ça aille de mieux en mieux»

* Aimer mon homme, ma fille...

* Jouir d'amitiés

* Réaliser mon rêve d'Espagne

* Découvrir une autre santé que celle qu'entretient, plus dans nos croyances que nos corps, la médecine occidentale.

* Ritualiser ma vie

* Laisser place à ma solitude
* Protéger mon intimité

Diagramme en colonnes sur le thème: faire le point sur sa vie.

- *Pour transformer des éléments négatifs:* 2 colonnes: d'abord faire la liste des éléments négatifs puis y répondre par des affirmations dans l'autre colonne. On peut utiliser l'autre main pour les réponses.

Il est utile d'écrire ses réflexions à la suite du travail en colonnes.

Variantes:

- Ajouter des dessins simples dans les colonnes.

C) Le diagramme en cercle

Le diagramme en cercle est très souvent combiné au dessin et vous le retrouverez mentionné dans la section *Les diagrammes dessinés*. J'ai quand même tenu à lui consacrer une page dans cette section parce que dans certains cas on se sert du cercle d'une façon particulière, et les mots y dominent. C'est le cas notamment de la fameuse «tarte» que l'on découpe pour comparer les éléments d'une question en terme de proportions ou pour travailler sur différentes parties d'un ensemble. On peut aussi se servir du cercle pour délimiter un territoire et ainsi opposer intérieur à extérieur. Dans tous les cas, le cercle donne une vision d'ensemble et stimule la réflexion. Il aide à regrouper ses idées et à se recentrer, et on lui prête généralement un effet apaisant. Dans le journal, on se servira de cette technique pour se pencher par exemple sur le temps que l'on alloue aux différents aspects de sa vie ou d'un domaine en particulier. On s'en servira aussi pour travailler sur des thèmes de vie ou encore pour s'aider à se créer des limites protectrices quand on en a besoin.

Procédure: varie selon l'exercice. Voici 3 exercices courants:

- Gestion du temps: tracer un cercle et le diviser selon le temps alloué à différents aspects de sa vie ou d'un projet. Si désiré, tracer deux cercles et découper le premier selon le temps *réel* alloué aux différents items et l'autre selon le temps *idéal* que l'on devrait leur consacrer. Terminer en écrivant ses réflexions.

- Travail sur thèmes: découper un cercle selon des thèmes que l'on veut travailler (ex. relations, santé, maison, etc.) et se servir des sections pour y inscrire nos objectifs ou encore des affirmations positives correspondantes.

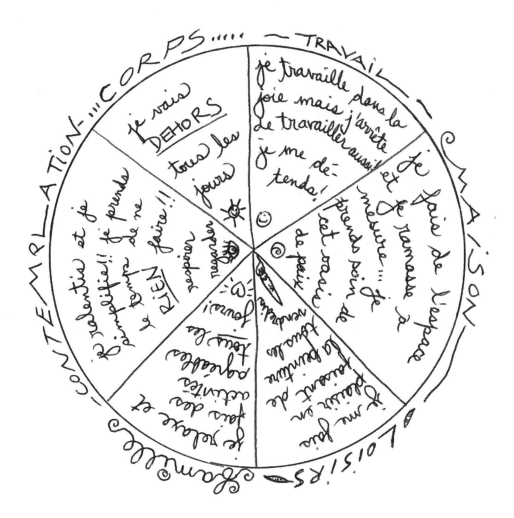

«Je voulais me donner des petits objectifs simples. Ça m'a fait du bien, m'a recentrée. Je remarque que tout tourne autour de prendre du temps pour relaxer. J'en ai bien besoin ces temps-ci.»

Diagramme en cercle utilisé pour un travail sur thèmes, et réflexions suite à l'exercice.

On peut aussi se servir des sections pour y inscrire les événements marquants de notre vie, d'une période ou d'une année. Terminer en écrivant ses réflexions.

- Mettre ses limites: tracer un cercle et, à l'intérieur, noter les aspects de sa vie que l'on veut préserver et protéger. À l'extérieur, noter les choses que l'on veut éliminer ou repousser. On peut aussi noter à l'intérieur ce qui nous nourrit et à l'extérieur ce qui nous stresse.

Variantes:

- Ajouter des dessins ou des couleurs dans les sections;
- Voir section sur les diagrammes dessinés, particulièrement le mandala.

LA POÉSIE

Inclure l'écriture poétique dans le journal créatif est riche et rafraîchissant. Il ne s'agit pas nécessairement d'écrire en rimes mais de laisser danser les mots de façon à ce qu'ils créent des atmosphères et des sentis particuliers. Comme c'est une façon différente d'écrire, cela permet d'explorer les choses sous un autre angle. La poésie ouvre l'imagination, parle en images. Elle crée une satisfaction et un plaisir différents de celui de l'écriture régulière. Se combine souvent à d'autres techniques.

Procédure: Certains exercices demandent une procédure particulière, mais en général il suffit simplement de se laisser aller à écrire poétiquement.

Trucs: Il faut se mettre dans un état d'esprit particulier pour écrire de cette façon, comme si on «pensait en musique». En général, le meilleur truc est de laisser chanter et danser les mots, de les laisser couler avec rythme. Se détendre est de mise... Se rappeler que le journal créatif vise l'exploration d'abord et que si on veut faire une pièce poétique plus travaillée, on peut le faire par la suite.

Variantes:

- Écrire un poème suite à un dessin spontané, à un diagramme en bulles ou un collage;

Je me souviens...

de l'orage,
de cet après-midi pluvieux,
des ronces entourant la clôture de broche,
du peuplier plié en deux sous le vent du nord,
du ciel orageux où nuages gris, lourds, menaçants, s'amoncellent.

Que cette tempête m'emprisonne!
criai-je au vent furieux,
qu'elle m'ensorcelle,
puisque rien ne peut m'atteindre;
la cuirasse construite pour me protéger
est serrée,
ceinturée,
solide,
à toute épreuve...

Je me battrai ferme contre les rafales
oubliant mon visage lacéré,
mes souffrances,
mon moi oublié,
bafoué,
écrasé sous les responsabilités.

Puis,
je crierai au vent
de m'emporter bien haut là-bas
pour que je puisse contempler la terre,
le monde à mes pieds,
pour que je puisse enfin
me débarrasser
de la gangue qui m'emprisonne.

Poésie ayant spontanément émergé d'un exercice d'écriture rapide.

- Découper des mots au hasard dans un magazine et en faire un poème ;

- Choisir 5 mots clés dans un texte particulièrement inspirant et faire un poème qui inclut ces 5 mots.

LES PERSONNAGES

Cette technique consiste à créer un ou des personnages à partir de nos traits de personnalité et dynamiques intérieures. Il s'agit donc de caricaturer en quelque sorte certains de nos travers et/ou certaines de nos forces. Quand on traduit qui on est en personnages, on gagne de la distance, on arrive à moins s'identifier à nos rôles parce qu'on peut les regarder jouer. Ils perdent ainsi un peu de leur emprise et nous gagnons de la perspective, et très souvent une bonne dose d'humour. Devenir plus indépendant face à nos sous-personnalités est très libérateur et nous aide à faire des choix différents, qui respectent davantage notre globalité. Il ne s'agit pas de nier des parties de nous-mêmes mais de jouer avec elles, d'en devenir davantage témoin et ainsi d'arriver à mieux orchestrer l'ensemble de ce que nous sommes. C'est une de mes techniques favorites, je la considère très puissante et très stimulante pour l'imagination et la créativité.

Procédure : Choisir un trait de personnalité ou partir d'un senti corporel ou émotif pour créer un personnage. Par exemple, à partir d'un désir de tout contrôler on peut créer un militaire rigide, et à partir d'une piètre estime personnelle inventer une « madame personne ». Décrire ensuite le personnage : ce qu'il aime et n'aime pas, ce qu'il pense, ce qu'il désire, son discours, ce qu'il fait de son temps, etc. Lui donner un nom est essentiel. Ensuite, combiner à d'autres techniques : dessiner le personnage, entrer en dialogue avec lui, etc. Je recommande fortement de dessiner le personnage, parfois avant même de le décrire. Cela lui donne une présence beaucoup plus tangible.

Trucs : Oser caricaturer est de mise.

Variantes :

- Commencer par dessiner le personnage puis écrire tout autour du dessin les éléments de la description : ce qu'il aime et n'aime pas, etc. ;

La mégère amère

Mon dou ça 'pas d'bon sens !

As-tu vu ça ?
Ça-tu d'l'allure !

Ah ben
r'gad' donc !

Les autres
sont coupables !

Les autres ont
pas d'allure !

(témoin de
la vie des
autres, n'a
pas de vie
propre)

↓

en dessous :

frustrée à mort
se sent nulle
se trouve laide et
grosse
pense qu'il est trop
tard pour être heureuse,
qu'elle a manqué le bateau
très très très déprimée
Sa médisance la garde
en surface, l'empêche
de couler. Elle coule les autres. Elle leur fait ce qu'elle se fait.

J'vous l'avais
dit que ça
finirait
d'même !

A' va comprendre
un jour ...

Personnage créé, selon la première variante mentionnée, à partir d'un côté geignard et frustré.
A amené beaucoup d'humour et a permis de relâcher l'énergie négative.

- Jouer le personnage de façon théâtrale, le danser, le chanter, lui faire écrire des poèmes, etc.;

- Créer plusieurs personnages et les faire interagir dans un script;

- Insérer les personnages créés dans des histoires (voir technique suivante).

LES HISTOIRES

Les histoires sont un mode fascinant pour ouvrir l'imagination parce qu'on y parle en métaphores. Elles font partie de toutes les cultures, de toutes les époques et elles ont précédé de loin l'écriture comme mode de transmission du savoir, de la culture et des traditions. Elles parlent de l'expérience humaine en général et ainsi nous relient aux autres. Elles peuvent avoir un effet apaisant, inspirant et guérissant. Les histoires enrichissent le travail du journal parce qu'elles nous sortent de nos limites habituelles, nous emmènent dans des territoires nouveaux, nous permettent de dramatiser et de caricaturer. Elles ouvrent l'imagination et la créativité, mènent à des réponses et des réflexions inédites, détendent et divertissent. Elles permettent de donner voix à des personnages ou des dynamiques qui nous habitent, d'exprimer notre monde intérieur de manière symbolique, donc plus imagée et parfois beaucoup plus puissante. Par exemple, réviser les histoires qui dominent notre vie et en écrire de nouvelles, qui correspondent davantage à nos besoins, peut avoir un effet très libérateur sur notre vie. Cela peut nous aider à exorciser notre histoire personnelle par le biais de métaphores et de symboles.

Procédure: Il n'y a pas de procédure particulière, il suffit de rédiger nos histoires en s'inspirant de matériel personnel tiré d'innombrables sources telles que: nos dessins, nos rêves, notre histoire personnelle, nos fantaisies et notre imagination, nos visualisations, nos inspirations, notre senti corporel ou émotif, etc.

Trucs: Ne pas avoir peur de se laisser aller à exagérer et caricaturer des situations ou des personnes pour en faire du matériel pour nos histoires. Pour s'aider à démarrer, commencer par des phrases déclencheur du genre: «il était une fois...», «il y a de cela bien longtemps...», «cela se passait en...», etc.

Il y a de cela très longtemps, au pays des roses noires, une jardinière qui travaillait vaillamment à embellir son domaine... Elle avait peint son ciel d'un beau rose vif et tendre, illuminé d'un soleil radieux et tellement chaud que des palmiers avaient traversé la terre et la neige pour venir à sa rencontre.

Elle avait passé une vie à tenter de se créer un petit paradis, semant partout des couleurs et des fleurs, arrosant ses amitiés et cultivant la beauté... mais toujours le paysage finissait par se couvrir d'un gris brunâtre parsemé de petites taches noires. Cette grisaille venait d'un trou qu'elle tentait sans succès de colmater, transpirant sa noirceur et sa tristesse et ternissant tout son domaine.

Un jour elle n'y tint plus et au lieu de colmater le trou, elle décida de le creuser pour voir d'où venait tant de noirceur... elle enleva le bouchon... sortit sa pelle et son courage...et ouvrit un trou béant au fond du jardin de son cœur.

A sa grande surprise elle y vit là son père et sa mère, assis, les bras croisés, à distance l'un en face de l'autre, à se toiser du regard, à ne rien faire d'autre que de broyer du noir l'un pour l'autre depuis toutes ces années.

C'est alors qu'elle comprit d'où venaient ces bulles noires qui montaient toujours salir son jardin.

Il était une fois
une reine.
Elle était éteinte.
Elle était amère.
Il était une fois
une reine.
Son château
était une prison,
ses pouvoirs
des dérisions.
Il était une fois
une reine,
nue,
à cheval,
dans la plaine.
Elle riait.
Enfin.
Son royaume
était fait d'illusions
et enfin, elle le savait.

Histoires écrites en atelier, par deux participantes différentes.

Variantes :

- Débuter par une relaxation ou une visualisation et se laisser guider dans une histoire ;

- Partir d'une image d'un rêve et la laisser déboucher sur une histoire ;

- Écrire une histoire suite à un dessin ou un collage ;

- Écrire son histoire selon la technique de l'écriture en folie (page 70) ;

- Tirer une phrase au hasard dans un magazine ou un livre et commencer son histoire avec ça ;

- Écrire un mythe personnel élaboré en utilisant des archétypes tels le héros, l'orphelin, le guerrier, le magicien, etc.

8

Les variantes du dessin

On dit que le dessin est, par définition, plus lié au mode de pensée intuitif et au monde de l'inconscient parce qu'il parle par images et symboles. Il est moins articulé en concepts mais a une dimension que les mots n'ont pas. Là où le langage peut avoir tendance à interpréter ou conceptualiser une émotion ou un senti, l'imagerie tend à être plus brute et souvent plus juste, plus profonde.

L'approche de base dans les ateliers du journal est le dessin spontané. Il n'y a donc pas de techniques spécifiques qui soient enseignées, seulement certaines variantes du dessin spontané ou de l'utilisation de l'image. L'objectif du journal n'est pas d'apprendre à dessiner mais à s'exprimer le plus librement et spontanément possible par le biais des couleurs et des formes. Plus l'expression est libre, plus il y a de chances de voir du matériel inconscient et riche de signification se glisser dans nos pages. De plus, cette permission de dessiner sans contraintes est un facteur puissant de libération de l'énergie créatrice. Cependant, certaines personnes éprouvent des difficultés à se laisser aller avec les couleurs et les formes, et peuvent avoir tendance à vouloir planifier leurs dessins et à les interpréter de façon analytique. Elles restent donc dans le mode rationnel bien que le dessin soit lié au mode intuitif. Malgré cela, le dessin a cette faculté incroyable de traduire en images où nous en sommes, et même dans ces cas-là, si nous savons bien écouter, il livrera des messages importants, si ce n'est que nous avons besoin de structure et de rationnel pour nous protéger ou nous sécuriser.

LE DESSIN SPONTANÉ

Tel que décrit en page précédente, le dessin spontané n'est pas une technique comme telle mais plutôt une approche du dessin. Il s'agit simplement de se laisser aller à dessiner ce qui nous vient à partir de l'évocation d'un thème ou à partir de ce qui se passe dans le moment présent. L'expression libre et spontanée est encouragée. Il ne s'agit pas ici de faire nécessairement du dessin figuratif, mais d'utiliser les couleurs et les formes pour exprimer ce qu'il y a dans notre monde intérieur. Bien sûr on peut dessiner des personnages et des situations, mais cela peut être autant avec des personnages en « bâtons d'allumettes » que de façon complexe, cela importe peu. Le dessin spontané vise à explorer un thème ou une question par le biais des formes et des couleurs, à aller chercher une information qu'on ne trouve pas avec l'écriture, et à favoriser l'expression brute des émotions et pensées.

Procédure: La procédure est très simple. Dans le cas d'un exercice libre, c'est-à-dire sans thème, il suffit simplement de relaxer puis de se laisser inspirer par les couleurs et les formes qui nous viennent pour créer un dessin. Dans le cas d'un exercice avec thème, il faut d'abord réfléchir ou méditer sur la question ou le sujet, puis se laisser aller à dessiner spontanément ce qui nous vient.

Trucs: Prendre le temps de s'intérioriser et de se centrer avant de dessiner favorise l'émergence d'images ou de couleurs. Le meilleur truc lors d'un blocage est de prendre une seule petite décision à la fois: choisir la couleur qui nous attire en ce moment, faire un trait sur la feuille, choisir une seconde couleur et ainsi de suite. Je décourage l'usage du crayon à mine et de la gomme à effacer car cela ne favorise pas la spontanéité.

Variantes: Les variantes sont infinies, les dessins spontanés étant la plupart du temps associés à d'autres techniques.

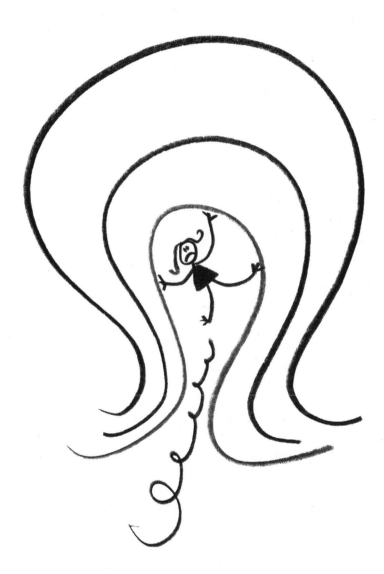

Dessin spontané illustrant un sentiment d'impuissance.

LE « BARBEAU »

Le « barbeau », ou gribouillis, est une façon d'approcher le dessin tout à fait librement, sans intention de dessiner quoi que ce soit mais plutôt simplement de s'amuser avec les gestes et les couleurs. Je le suggère souvent avant un exercice qui nécessite de se laisser aller, d'être plus imaginatif. L'effet de réchauffement est instantané. C'est le meilleur moyen pour briser la timidité devant la page blanche, pour se dégourdir et briser la glace. Comme il n'y a aucun jugement sur le produit final, cela aide à relaxer et à faire taire la voix critique. Le barbeau encourage l'esprit de jeu qui favorise l'entrée dans le processus créateur.

Procédure : Allez-y, barbouillez ! (Voir variantes).

Trucs : Si la permission de barbouiller ne suffit pas à vaincre l'angoisse de dessiner, on peut utiliser de la musique entraînante, faire des gestes dans les airs avec les crayons avant d'aborder la feuille, ou encore essayer une des variantes qui suivent.

Variantes :

- Utiliser les deux mains ensemble ou séparément ;

- Barbouiller avec les yeux entrouverts ou carrément fermés ;

- Essayer différents styles de musique pour voir comment ils influencent le style de nos barbeaux ;

- Faire 3 ou 4 barbeaux de suite et en choisir un où on cherchera une forme qu'on fera ressortir ;

- Ajouter des mots autour ou donner un titre à notre création ;

- Limiter le temps de création à 30 secondes ou une minute ;

- Sortir du journal et utiliser un papier grand format.

Barbeau à deux mains.

LE ZOOM

Il s'agit de faire un deuxième dessin à partir d'un premier, en agrandissant une partie, tel un téléobjectif de caméra. Cette technique est fascinante parce qu'elle concentre l'attention, nous amenant dans une perspective plus étroite et précise, permettant ainsi d'aller chercher des détails sur une question. Par conséquent, le zoom aide à explorer plus à fond une partie d'un dessin qui nous questionne et à aller chercher du matériel supplémentaire. Le *zoom inversé*, qui consiste à agrandir la perspective sur le deuxième dessin, comme si on se reculait, donne l'effet inverse. Plutôt que de chercher les détails d'une question ou d'un problème, il nous donne le contexte général dans lequel cette question ou ce problème évolue. On a une perspective plus large, plus globale.

Procédure: Faire un premier dessin puis en choisir une partie, celle qui nous intrigue ou que l'on veut travailler plus en profondeur, pour la redessiner en plus gros plan sur une autre page en y mettant beaucoup plus de détails. *Zoom inversé:* sur la deuxième page, refaire le premier dessin en entier mais en beaucoup plus petit, puis dessiner ce qu'il y a autour (voir exemple page 191).

Variantes: Voici deux variantes intéressantes:

- Faire un zoom sur un détail du premier zoom;
- Faire un dialogue avec l'élément agrandi.

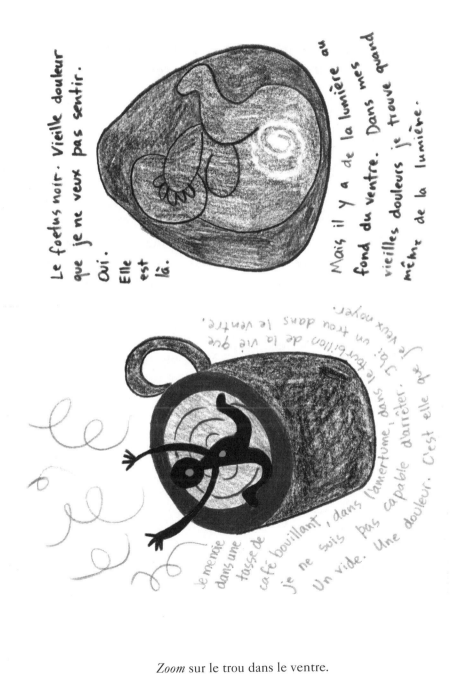

Le foetus noir. Vieille douleur que je ne veux pas sentir. Oui. Elle est là.

Mais il y a de la lumière au fond du ventre. Dans mes vieilles douleurs je trouve quand même de la lumière.

J'ai un trou dans le ventre. Je veux noyer le tourbillon de la vie que je me noie dans une tasse de café bouillant, dans l'amertume, dans le vide. Une douleur. C'est elle que je ne suis pas capable d'arrêter.

Zoom sur le trou dans le ventre.

LE TRIO

Il s'agit de faire une série de trois dessins, les deux premiers exprimant deux pôles opposés d'un thème et le troisième l'union des deux pôles. Par exemple, je peux choisir d'illustrer mon dilemme face à un voyage que je veux faire en exprimant sur une première feuille mon désir de découverte et sur la deuxième ma peur de l'inconnu. Sur le troisième dessin, je mettrai mon désir et ma peur ensemble. Cette technique est très puissante pour aller au fond d'un conflit intérieur et avoir une vue d'ensemble. Elle permet d'une part de sortir des dualités et d'accepter les deux pôles que l'on porte, et d'autre part de clarifier nos dilemmes et ainsi de nous aider à faire des choix.

Procédure : Choisir une paire d'opposés (ombre et lumière, peur et confiance, rester et partir, etc.) puis illustrer chaque pôle sur une page différente. Sur une troisième page, les regrouper dans un dessin unique, en les représentant graphiquement de façon simplifiée. Pour le troisième dessin on peut utiliser le cercle comme dans le cas du mandala ou simplement utiliser toute la feuille. Il est bon d'écrire nos réactions et commentaires à la suite de l'exercice.

Trucs : Pour résumer graphiquement les deux premiers dessins, on peut choisir de ne reproduire que l'élément principal ou encore de reproduire plutôt le sentiment général.

Variantes :

- Version plus rapide : faire le trio sur une même feuille, comme un diagramme à 3 colonnes ;

- Écrire autour des dessins tous les mots qui viennent et terminer avec un poème ou une histoire.

«Je me sens souvent déchirée entre le besoin de passer du temps avec mon enfant et le besoin de créer, de travailler. Je me demandais comment guérir cette division et c'est mon dessin qui m'a soufflé la réponse. C'était tout à fait involontaire, j'ai dessiné la main de la création sortant de la mère. J'ai senti alors combien les deux types de création sont liés. Je ne suis pas vraiment séparée! Plus j'aime, plus je suis vivante, plus je crée. Je n'ai pas à me battre, mais plutôt à faire de la place pour mes deux besoins.»

Technique du trio, troisième dessin, où les deux opposés sont combinés, suivi de réflexions.

L'ART POSITIF

L'art positif, c'est une façon d'utiliser le dessin en créant volontairement une image positive en vue de stimuler à l'intérieur de nous une réaction favorable : se calmer, se faire plaisir, se centrer ou s'aider à guérir physiquement ou émotionnellement. Maintes recherches ont prouvé que l'imagerie positive réduit le stress et agit ainsi de façon positive sur le système immunitaire. J'utilise souvent cette technique après un exercice difficile sur les tensions corporelles ou les blessures émotionnelles, pour rétablir la paix intérieure. En fait, on peut avoir recours à cette technique aussi souvent qu'on en sent le besoin, autant pour s'apaiser dans des périodes de stress que pour supporter le processus de guérison en cas de maladie. Comme pour les affirmations positives, il ne s'agit pas de nier les problèmes mais de créer un contexte stimulant la guérison.

Procédure : Il n'y a pas de procédure précise parce qu'il y a beaucoup de variantes. En fait, il s'agit simplement de dessiner, symboliquement ou figurativement, quelque chose qui nous apaise et nous fait du bien. On peut ensuite combiner avec une technique d'écriture.

Trucs : Commencer avec une visualisation s'avère souvent très inspirant.

Variantes :

- Illustrer de façon symbolique une partie malade radieuse de santé ;

- Illustrer symboliquement une blessure émotionnelle guérie et rayonnante ;

- Dessiner un lieu de guérison ou un endroit sécuritaire pour vous ;

- Dessiner un personnage guérisseur ;

- Illustrer symboliquement son amour de la vie en couleurs et formes simples ;

- Dessiner l'image positive dans un mandala (voir page 104).

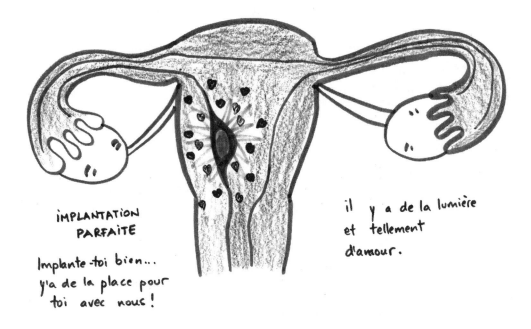

IMPLANTATION
PARFAITE

Implante-toi bien...
y'a de la place pour
toi avec nous !

il y a de la lumière
et tellement
d'amour.

Art positif, créé par une femme enceinte qui, au 41ᵉ jour du cycle, a eu des saignements qui lui ont fait très peur, surtout qu'elle avait déjà fait une fausse couche. Elle dit avoir fait ce dessin pour se rassurer et visualiser que tout allait bien. Elle rapporte que cela l'a beaucoup calmée.

LE COLLAGE

Le collage est un élément très agréable et très riche à inclure dans le journal. Il s'agit de créer une image à partir de coupures de journaux ou de magazines. On peut aussi utiliser des photos, des éléments de la nature tels des plumes ou des feuilles, des rubans et des dentelles, etc. Le collage crée un esprit de jeu qui facilite l'entrée dans le processus créateur et stimule la créativité. En effet, il semble que feuilleter, couper et coller crée un état rêveur qui est relaxant et amusant. De plus, parce qu'on a moins de souci de performance quand on utilise des images déjà faites, le collage aide à relâcher le souci technique du dessin et le jugement sur le produit. Il aide à faire taire la voix critique, ce qui en fait une activité particulièrement recommandée pour ceux et celles qui ont du mal à se laisser aller à dessiner.

Procédure : Faire une sélection d'images qui nous inspirent, puis les agencer à notre manière sur notre feuille. Choisir rapidement les images sans réfléchir à l'agencement qu'on fera est préférable, cela crée des résultats plus surprenants et souvent plus éloquents. On peut faire un collage avec ou sans thème, on peut y ajouter des dessins, des couleurs, y donner un titre, y ajouter des mots.

Trucs : Pour éviter de se distraire en lisant les articles, se minuter pour le choix des images. Se permettre des fantaisies : superposer des images, changer les têtes, etc.

Variantes :

- Faire un collage à partir de mots découpés : choisir un certain nombre de verbes, de noms et d'expressions pour ensuite les agencer en phrase poétique ;

- Écrire une histoire ou un poème suite à un collage ;

- Coller une simple image au centre de la feuille et écrire une histoire en spirale autour.

Collage spontané, mots et images combinés.

LES DIAGRAMMES DESSINÉS

Tout comme les diagrammes écrits, les diagrammes dessinés sont une manière visuelle de classer ses idées et d'illustrer un thème. Ils permettent une vue d'ensemble et délimitent des frontières. Dans le cas des diagrammes dessinés, on utilisera une forme prédéterminée et on y illustrera d'abord nos différents sentis, l'écriture intervenant en général par après. Il y a des variantes infinies de diagrammes illustrés, puisqu'on peut utiliser n'importe quelle forme qui symbolise quelque chose pour nous. J'ai choisi de vous présenter ici une explication générale suivie de deux cas particuliers, dont l'apport est très positif dans le journal:

- la forme-symbole (général)

- la silhouette

- le mandala

A) La forme-symbole

Les diagrammes de ce type sont une façon visuelle de représenter un thème, la forme permettant de symboliser l'aspect à travailler et ainsi de lui donner une force particulière que les mots seuls ne rendraient pas. Il y a autant de formes utilisables qu'il y a de symboles, donc les possibilités sont infinies. Voici plusieurs exemples: le cœur est un symbole que l'on peut utiliser pour parler du monde des émotions; l'étoile pour parler de ses aspirations; le soleil pour représenter ses passions; la maison pour s'exprimer sur la vie de famille; le contour de sa main pour illustrer les questions d'identité ou encore de créativité; le cercle pour représenter un tout; etc. De façon générale, ces formes-symboles permettent d'*incarner* des sentis et des impressions intérieures de façon particulièrement expressive. Dans certains cas, on peut aussi se servir de ces formes prédéterminées pour différencier l'intérieur de l'extérieur. Par exemple, on pourrait illustrer une opposition entre la vie familiale et le monde extérieur à partir de la forme de la maison (voir illustration). Finalement, le cercle est un cas particulier que je différencie du mandala, qui comporte un aspect plus profond ou méditatif, voire même spirituel (voir page 201). Dans les ateliers du journal, je me sers particulièrement de la

Diagramme *(forme-symbole)* à partir d'une forme de maison, l'extérieur étant aussi représenté. Réflexion sur la vie de famille, la communauté de pairs et le monde extérieur.

forme de la silhouette et du mandala, et c'est pourquoi je leur ai réservé une page à part.

Procédure : Choisir une forme-symbole selon le thème et l'objectif que l'on se donne. Tracer la forme assez grande pour y illustrer plusieurs éléments (en général je prends toute une page). Illustrer avec des dessins et des mots selon ses idées et sentis relatifs au thème. Si on veut comparer des aspects d'un thème on divisera la forme en portions, et si on veut travailler en termes d'espaces intérieur versus extérieur, on illustrera aussi l'extérieur. Combiner avec une technique d'écriture si désiré et terminer avec ses réflexions.

Variantes :

- Combiner avec les techniques *L'image qui raconte* ou *Dialogue avec l'image* et faire parler le dessin ;
- Écrire en spirale ou en crayon fou autour du dessin ;
- Utiliser la technique du zoom, dans les deux sens (voir page 92).

B) La silhouette

La forme de la silhouette humaine est une forme-symbole que j'utilise énormément parce que je la considère un outil puissant pour faire le point et pour se recentrer. C'est pour cette raison que j'ai choisi de la traiter sur une page séparée. Avec le temps, j'ai développé deux façons différentes de l'utiliser, que j'ai appelées respectivement la *silhouette simple* et la *silhouette-en-contexte*. La *silhouette simple* est une façon de représenter graphiquement le corps physique et d'exprimer les différents sentis intérieurs. Quant à la *silhouette-en-contexte*, elle permet d'exprimer sa position dans un ensemble ou d'illustrer ses liens avec le monde extérieur. Combinée à la technique de l'art positif (page 96), la silhouette est un excellent outil de visualisation parce qu'elle permet de se créer une image globale de santé rayonnante ou un environnement positif. On peut utiliser la silhouette pour régénérer symboliquement son énergie en l'enveloppant de couleurs apaisantes ou en la connectant aux éléments naturels.

Procédure : Il faut d'abord tracer le contour de la silhouette humaine (il n'est pas nécessaire de mettre des détails).

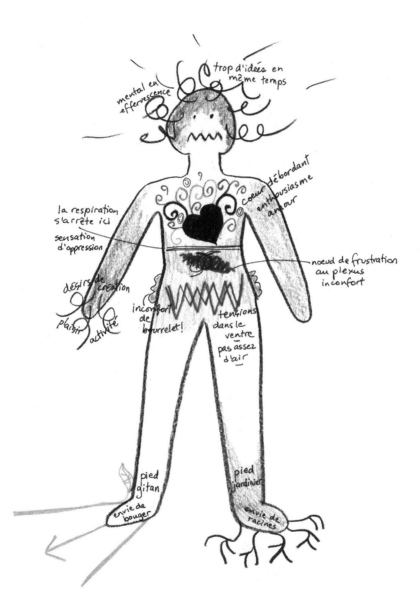

Silhouette simple décrivant des sentis corporels et émotifs.

Silhouette simple: remplir la silhouette de couleurs et de symboles selon ce que l'on veut exprimer (tensions corporelles, relation à son image, sentis émotifs, etc.). On peut aussi se créer une petite légende des couleurs (ex.: rouge/maladies, bleu/tensions, vert/santé) et colorier la silhouette à partir de ça. Après (ou simultanément), on ajoutera des mots, des flashs, des expressions. Terminer avec ses réflexions (voir exemple page 173).

Silhouette-en-contexte: colorier l'intérieur en lien avec l'environnement extérieur. Par exemple, illustrer un contexte dans lequel on se trouve (crise familiale, problèmes au travail, etc.) en fonction des sentis intérieurs et des perceptions de la situation. Pour se réconforter ou se protéger, dessiner la silhouette dans un lieu sécurisant et nourrissant. Pour se recentrer, faire par exemple des racines liant à la terre, des rayons liant au soleil (voir illustration couleur, pages centrales).

Variantes:

- Entrer en dialogue avec une partie du corps;
- Écrire en spirale autour de la silhouette;
- Faire un zoom sur une partie du corps.

C) Le mandala

Le cercle utilisé comme mandala* est une autre forme-symbole que je considère puissante et donc particulièrement importante dans le journal. Le mot *mandala* vient du sanskrit et signifie cercle sacré ou centre, circonférence. C'est un dessin ou motif effectué dans un cercle, le cercle représentant un principe unifiant,   l'univers, les cycles de la nature, le divin. Le mandala est un instrument de méditation ou de prière de plusieurs traditions religieuses, qui a été repris par maintes approches en psychologie. Carl Jung a beaucoup étudié les mandalas et répandu leur usage dans un contexte thérapeutique. Il distingue le *mandala rituel*, celui fait dans un contexte spirituel ou religieux du *mandala personnel*, fait de façon libre et expressive. C'est ce dernier qu'on utilise dans le cadre du journal, bien qu'il soit possible de créer des mandalas personnels avec un but

---

*   Consulter la bibliographie pour des références à ce sujet.

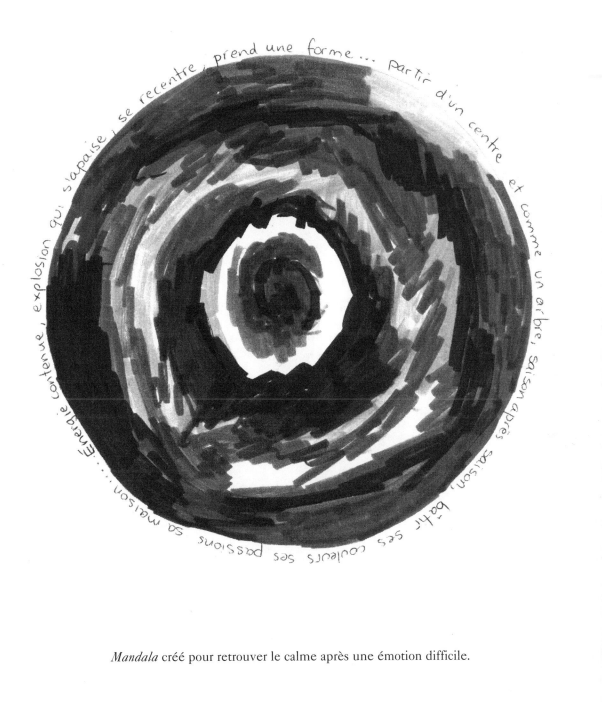

Mandala créé pour retrouver le calme après une émotion difficile.

spirituel. On reconnaît au mandala des effets apaisants, et c'est pourquoi je le suggère dans des temps de confusion ou de tiraillement intérieur. Il semble que de dessiner dans un cercle crée un espace protégé qui aide à rétablir l'ordre dans la vie intérieure en réunifiant les forces opposées, en créant une vision d'ensemble. Le mandala favorise un état de méditation et de paix intérieure. Il est un bon outil pour clore une session particulièrement difficile ou pour terminer une étape de vie, parce qu'il aide à faire un bilan et donne une impression de complétude.

Procédure : Tracer un cercle puis dessiner librement à l'intérieur. Étendre à l'extérieur si désiré. Pour un effet plus méditatif, créer un mandala où les formes sont géométriques et se répètent.

Variantes :

- Faire un mandala à la suite de deux dessins qui s'opposent (trio, page 95) ;

- Faire un mandala de la main non-dominante ;

- Dessiner un mandala à la suite d'un rêve ou d'une visualisation ;

- Débuter votre dessin à partir d'un point au centre du cercle ou à l'inverse, aller de la circonférence vers le centre ;

- Faire un mandala en collage ;

- Écrire une phrase ou une prière autour du mandala.

9

L'interface dessin-écriture

L'association du dessin et de l'écriture est le cœur du journal créatif. C'est là que la magie opère. On a vu comment ces deux moyens d'expression ont leurs forces particulières et utilisent des langages différents, l'un symbolique et l'autre conceptuel. On a vu, bien que l'écriture soit plus liée au mode rationnel et le dessin au mode intuitif, comment les deux se croisent et peuvent servir de pont vers le monde de nos profondeurs. En fait, le dessin et l'écriture se nourrissent et s'enrichissent l'un l'autre, se complètent et se dynamisent. Leur mariage est indéniablement riche et fertile. C'est une combinaison magique dont on ne se lasse pas. On y découvre toujours du nouveau et les combinaisons de techniques sont infinies. On peut mélanger comme on veut les techniques des deux parties précédentes. Ici, je ne décrirai que les quelques combinaisons les plus fréquentes.

L'ÉCRITURE SUITE AU DESSIN

Écrire après avoir dessiné remplit de multiples fonctions. Cela peut aider à compléter ou articuler l'information venant du dessin, à inscrire des réactions qui pourraient se perdre, mais surtout cela favorise un approfondissement du travail du dessin. L'écriture nous aide à aller chercher les messages contenus dans les images. Elle nous met en contact avec les voix issues de nos images et nous aide à les entendre. Écrire enrichit le travail du dessin, lui donne une dimension nouvelle et éclaire sur sa signification.

L'écriture suite au dessin peut prendre autant de formes qu'il y a de techniques d'écriture. Je vais vous présenter ici les quatre formes les plus courantes :

Réflexions suite au dessin :

Cette technique est probablement celle qu'on utilise le plus spontanément après avoir fait un dessin. Il s'agit simplement d'écrire ses réflexions : réactions, émotions, commentaires ou découvertes, au sujet du dessin. En général on écrit avec des phrases complètes, plutôt que par flashs, comme c'est le cas pour la technique suivante. Le dessin sert de point de départ pour explorer un sujet en profondeur par l'écriture.

Mots-sur-image :

Cette technique est celle que j'utilise le plus, presque toujours après un dessin spontané. Il s'agit simplement d'écrire autour du dessin créé, *sur la même page*. C'est une écriture moins réfléchie que les réflexions. On travaille plutôt par flashs, bien que la frontière entre les deux ne soit pas toujours claire. On écrit ses réactions, des mots qui viennent, de la prose, des expressions, de courtes réflexions. Avec l'usage, il arrive de plus en plus souvent qu'un dessin ne nous semble pas terminé avant d'y avoir ajouté des mots et des phrases. Cette technique est très utile pour saisir en quelques mots l'essence du message d'un dessin.

Le dialogue avec l'image :

Le dialogue avec l'image, c'est simplement entrer en conversation avec un dessin ou un élément d'un dessin. C'est une technique que je considère très importante parce qu'elle est très puissante. Quand on crée un espace en soi pour « écouter » ce que raconte un dessin ou une partie d'un dessin, il se produit des petits miracles. Le dialogue permet de questionner ses dessins, il donne donc une voix au matériel intuitif et profond des images, il articule des messages auxquels on n'aurait pas eu accès autrement. Cette technique enrichit de façon incroyable le travail du dessin (voir exemple page 135).

Technique *Mots-sur-image*.

L'image qui raconte :

Comme pour le dialogue avec l'image, laisser les images se raconter est une technique très puissante qui permet de tirer des messages clairs de ses dessins. Au lieu de questionner le dessin comme c'est le cas pour le dialogue, on laisse tout l'espace d'écriture à l'image, c'est l'image qui prend la parole. L'écriture peut prendre différentes formes : une histoire, une lettre, l'écriture rapide ou l'écriture en folie, peu importe. Ce qui est important c'est de créer l'espace pour entendre ce qui veut se raconter par le biais de l'image. Les images expriment des parties de soi qui ont des choses à dire et des histoires à conter. Ce processus permet d'entendre les messages venant du cœur de soi et favorise l'émergence de plus de magie dans sa vie (voir exemple page 203).

LE DESSIN SUITE À L'ÉCRITURE

Dessiner après l'écriture est tout aussi enrichissant que l'inverse, mais la dynamique est un peu différente. Au lieu d'aider à aller chercher les *messages* contenus dans les images, le dessin qui suit l'écriture aide à exprimer le *senti* des mots, aide à aller au-delà des mots. Ainsi, les choses qu'on arrive mal à articuler en mots trouveront peut-être un chemin vers la sortie par les formes et les couleurs. De cette façon, le dessin aide à débloquer certains sentis qui sont pris à l'intérieur. En général, on peut dire que le dessin complète et enrichit le processus d'écriture.

Le dessin suite à l'écriture peut prendre différentes formes, le plus souvent des variantes du dessin spontané. Je vous présente ici les quatre techniques que j'utilise le plus :

Dessin spontané :

Cette technique est assurément la plus simple et la plus courante. Il s'agit, après avoir écrit un texte, de faire un dessin relatif à ce texte, ou en réaction au texte. Cela est utile quand on sent que l'écriture n'a pas suffi à éclairer une question ou qu'une émotion a surgi en écrivant. Cela permet de travailler un texte plus en profondeur en allant chercher du matériel moins structuré, à l'état brut. Bien

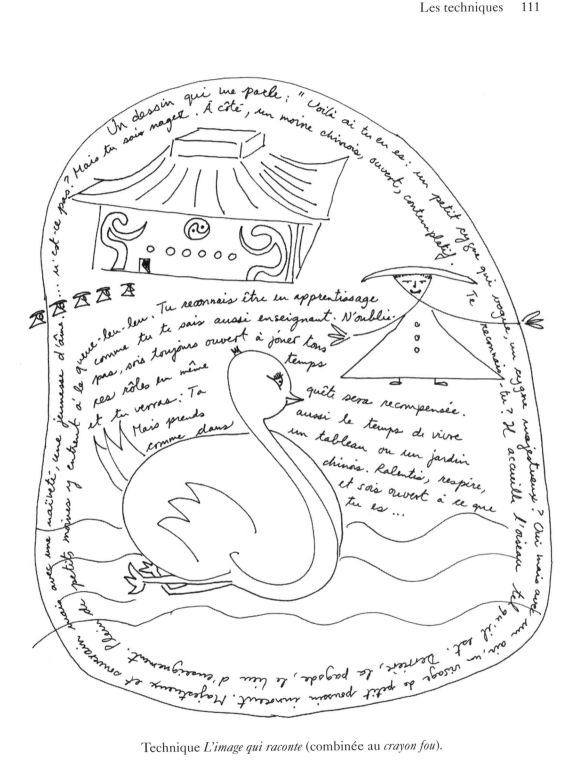

Technique *L'image qui raconte* (combinée au *crayon fou*).

que l'on puisse utiliser cette technique après n'importe quel exercice d'écriture, je l'utilise le plus souvent après l'écriture rapide, pour compléter le processus avec du matériel imagé.

Image-sur-mots :

Cette technique simple est une variante du dessin spontané, mais elle se fait davantage à travers le texte, sur la même page, qu'à la suite d'un texte. Ici on se sert du dessin pour donner du relief au texte, l'enrichir, faire ressortir des mots ou des passages forts, créer une atmosphère. Une variante typique de cette technique est le journal intime d'artiste où les propos sont constamment illustrés de croquis. Je n'enseigne pas cette technique dans mes ateliers, c'est une façon de travailler qui découle naturellement du travail du journal. Je vois beaucoup de participants aux ateliers spontanément décorer leurs écrits quand ils ont terminé un exercice avant les autres. Cela donne beaucoup de vie à un texte.

Zoom sur un mot :

Cette technique est utile quand on désire travailler en profondeur une idée ou une émotion qui a surgi d'un texte ou quand on veut en faire ressortir l'essentiel. Il s'agit de faire un dessin spontané à partir d'un mot clé issu du texte. On choisit un mot qui attire l'attention, que ce soit de façon positive ou négative. Un mot qui plaît, intrigue, dérange ou revient à répétition. Cette technique permet d'aller au cœur d'un texte et d'exprimer de façon plus complète une idée ou une émotion. Une variante de cette technique est de choisir plus d'un mot clé et de créer une phrase ou un court texte avec ces mots. Cela capturera probablement l'essentiel du texte d'où les mots sont issus.

Combinaisons spéciales :

Toutes les techniques d'écriture peuvent se compléter par le dessin mais certaines combinaisons sont particulièrement intéressantes et je voulais les mentionner ici. D'abord, il y a deux types de diagrammes écrits qui sont souvent beaucoup plus riches lorsque combinés avec le dessin – il s'agit du *diagramme en colonnes* et du *diagramme en cercle*. On a vu que les diagrammes permettent de comparer différents éléments d'une question sur une même feuille. Quand ils sont

Elle est peut-être enceinte. Une chance sur 1000, ou 2. Elle est en "retard". Physiquement, il faudrait que son corps l'ait roulée pour deux. Elle hésite tant. Ce serait presque l'œuvre de l'archange...

Je voudrais me réjouir et je "freak", je réalise bien...

Je sens au poil, la charge qu'elle craint. Je la fais un peu mienne.

à qui est-elle ?

Technique *Image-sur-mots*. Ici l'illustration s'est insérée au fil du texte, qui dans sa version originale est beaucoup plus long.

illustrés, ils donnent deux types d'information (symbolique et conceptuelle) en même temps, ce qui les rend d'autant plus intéressants. Une autre combinaison intéressante est d'illustrer les *personnages* qui nous habitent. Même s'ils sont illustrés de façon très sommaire, les personnages ont beaucoup plus d'impact quand ils sont accompagnés d'un élément visuel. On dirait qu'ils prennent vie davantage quand ils sont schématisés. Finalement, les *affirmations positives* accompagnées d'un dessin ou même simplement de couleurs inspirantes s'imprègnent à mon avis plus profondément dans la psyché et ainsi font un travail plus énergique.

Où j'en suis	Ce qui me pollue	Ce que je veux

Où j'en suis

Je suis bloquée dans mon projet. Je ne suis pas sûre que ça va bien marcher et je sens que je dois faire mes preuves, ça fait de la pression.

Je me sens :

petite
inadéquate
honteuse
je veux disparaître
coincée
figée
prise

Ce qui me pollue

Grillage dense

Réussir
Doutes
irrespirable
impasse
prise
Peux pas respirer ni rire ici.
je me sens clôturée

Ce que je veux

Que les grillages éclatent pour que la lumière passe !
la lumière traverse tout
ça circule
ça éclate
Ça respire
il n'y a plus de mur

Diagramme en colonnes illustré.

10

L'autre main

L'autre main, c'est la main gauche pour les droitiers et la main droite pour les gauchers. J'ai abordé ce sujet dans la première partie de cet ouvrage (page 30). On y a vu qu'écrire ou dessiner avec le côté non-dominant favorise le contact avec des niveaux plus profonds de sensations, de sentiments, de conscience. Utiliser l'autre main déstabilise, le vocabulaire et les expressions changent, on se sent moins en contrôle. Lorsque je propose cette technique, je rencontre souvent des résistances, parfois même des protestations: « mais je ne *peux* pas ! »... L'idée de « mal » écrire ou dessiner en rend plusieurs mal à l'aise et la lenteur d'exécution doublée du manque d'habileté en propulsent plus d'un dans le passé, quand ils apprenaient à écrire. J'encourage alors à essayer, pour au moins quelques lignes, et en général l'attitude change. Beaucoup rapportent s'être sentis différents et avoir été surpris de ce qui est sorti. Utiliser l'autre main dans le journal est puissant et fabuleux. Cela nous permet d'aller chercher du matériel à l'état brut ou plus inconscient, mais c'est aussi spécialement bénéfique quand on veut contacter l'enfant en soi ou guérir les blessures de l'enfance[*].

Toutes les techniques du journal peuvent se faire avec l'autre main, mais quatre d'entre elles sont plus fréquemment utilisées.

Le dialogue entre les deux mains :

C'est la technique la plus fréquente. Il s'agit d'amorcer un dialogue où un élément utilise la main droite, et l'autre, la gauche. En général, la main dominante

---

[*] Voir, à ce sujet, *Le pouvoir de l'autre main* de Lucia Capacchione, cité en bibliographie.

prend la voix la plus consciente, c'est-à-dire celle à laquelle on s'identifie, le «je» actuel. L'autre main prend la voix de «l'autre», c'est-à-dire l'élément d'un dessin ou d'un rêve, l'enfant en soi, un personnage fictif ou réel, une partie du corps, etc. Cette technique est très utilisée pour l'interaction entre l'enfant en soi et l'adulte.

 ### Diagramme main droite / main gauche :

Au lieu d'un dialogue linéaire, il s'agit de faire un diagramme en deux colonnes où on fera une liste d'items auxquels on répondra dans l'autre colonne, avec l'autre main. Cette technique est très utile quand on veut mettre en lumière des pensées ou comportements négatifs sur soi ou sur la vie et les transformer ou y répondre de façon brute, de façon à exprimer ce qui n'a pas été dit. Par exemple, on utilisera cette technique pour répondre aux messages polluants reçus dans l'enfance ou encore pour répondre aux croyances négatives que l'on a sur soi ou sur la vie. Ainsi, cette technique est excellente pour mettre en lumière des conflits intérieurs, amorcer un déblocage de ce qui nous empoisonne et répondre à des processus intérieurs négatifs.

Lettre fictive :

Au lieu de faire interagir les deux mains, il s'agit ici d'écrire une lettre entière de la main non-dominante. Cette technique est encore une fois particulièrement utile pour écrire à partir de l'enfant en soi. Cependant, elle est aussi de mise quand une voix particulière en a long à dire et a besoin d'espace d'expression. Par exemple, on peut choisir de faire parler son foie malade par une grande lettre écrite de l'autre main. Cette technique permet de donner pleine voix à des parties refoulées ou inconscientes de façon ininterrompue. C'est un long processus, alors patience !

Dessin :

Dessiner de la main non-dominante est fascinant. On a soudain accès à un monde nouveau où l'on fait plein de découvertes ! Souvent résistant au début, on se rend compte que de se permettre de dessiner de l'autre main libère la pression du désir de «bien» dessiner et ainsi ouvre au plaisir de la création pour elle-même

A: Salut mon ventre, comment ça va?

V: Ça va pas. Je suis compressé, je manque d'air, J'étouffe.

A: Pourquoi te sens-tu comme ça?

V: Parce que t'es assise tout le temps. Je suis tout tassé. Tu ne respires pas assez profondément. Tu manges trop.

A: Bon bon bon... je vois. T'as raison mais c'est dur de changer! qu'est-ce que je peux faire?

V: Fais de l'espace! Respire plus, mange moins. Tiens-toi debout merde, sois fière de toi.

Dialogue entre une femme et son ventre, à deux mains.

tout en allant chercher du matériel neuf ou inédit. Il y en a même qui ont la surprise de leur vie en réalisant qu'ils dessinent mieux de l'autre main ! En résumé, cette technique permet de relaxer dans le processus du dessin, de débloquer la peur de dessiner et d'aller chercher du matériel inconscient.

Dessin de l'enfant en soi et technique *L'image qui raconte* avec la main non-dominante.

11

Techniques hors journal

Au fil du temps j'ai constaté que le format du journal pouvait être limitatif dans certains cas et qu'en sortir occasionnellement était bénéfique. Sortir du format journal permet de s'exprimer différemment en prenant davantage d'espace et des moyens différents. Cela permet de donner de l'ampleur à certains aspects du travail, de donner de l'espace à une émotion ou une question qui en demande. Dans certains cas, cela facilite aussi le déblocage. Le journal devient alors un point de départ pour d'autres projets, ou est en retour nourri par nos autres activités. Voici quelques idées d'exercices hors journal.

Dessins grand format :

Il s'agit simplement d'utiliser du papier grand format pour explorer une question ou un problème. On peut revenir au journal pour noter ses réactions à ces dessins grand format et même en insérer une photo si on juge que c'est intéressant. Le barbeau en grand format est particulièrement profitable parce qu'en plus d'aider le déblocage psychologique face au dessin il délie le corps et permet de revenir vivifié au journal. J'utilise aussi le grand format avec le collage et le mandala parce que cela leur donne un plus grand impact visuel. Finalement, je suggère souvent le grand format quand une émotion prend beaucoup de place et semble coincée dans le journal.

Trois dimensions :

Comme parfois le travail en deux dimensions sur papier n'est pas suffisant ou ne répond pas à ce qu'on a besoin d'exprimer, le travail en trois dimensions (sculptures et bricolages tout genre) peut être un complément et un enrichisse-ment au travail du journal. On utilise alors carton et ciseaux, glaise, éléments de la nature, objets variés, etc., pour créer un objet. Encore une fois, il est intéressant de noter dans le journal ses réactions et d'y insérer une photo si l'on veut.

Méditation / visualisation :

La méditation et la visualisation sont d'excellents outils de centration, de relaxation et d'exploration de soi. Ils se combinent au journal de différentes façons. Par exemple :

- utiliser un mandala particulièrement apaisant créé en atelier pour aider à la concentration en méditation ;

- afficher ce mandala dans un endroit visible en rappel de ce qu'il évoque ;

- faire un travail dans le journal après un exercice de méditation ou de visualisation ;

- amener un personnage intérieur découvert en atelier dans sa visualisation ;

- amener une image de ses méditations ou visualisations dans le journal.

Rituels :

Les rituels sont des gestes concrets visant à symboliser quelque chose qui se passe à l'intérieur de soi. Le symbole sert de relais entre le monde physique et le monde invisible, et la démarche symbolique reflète ce que l'on veut créer dans sa vie. Prenons un exemple : à travers le travail régulier du journal, Marie s'aperçoit qu'elle n'a pas terminé le deuil de son père, mort il y a huit ans. Elle lui écrit une longue lettre qu'elle va lui lire sur sa tombe, pour ensuite la brûler en symbole du fait qu'elle veut laisser aller de vieux ressentiments. Elle rapporte s'être sentie libérée d'un poids après ce simple geste. Les rituels sont puissants et peuvent compléter le travail du journal en aidant à implanter des changements ou à se libérer de ce qui nous entrave.

TROISIÈME PARTIE

EXERCICES PRATIQUES

Cette partie traite de façon très concrète, par le biais d'exercices précis, du travail qui peut se faire avec le journal. Une grande variété de thèmes sont abordés, chacun comprenant des suggestions d'exercices. Si les thèmes sont variés, ils ne prétendent pas couvrir tout le champ de l'expérience humaine. De plus, compte tenu de la complexité de l'être humain, cette division en sections ne peut être qu'imparfaite, puisqu'elle semble nous morceler, alors que nous sommes un tout bien vivant. Il faut donc se rappeler régulièrement que ces sections s'interpénètrent et ne sont pas coupées au couteau.

Cette partie est divisée en deux grandes sections : *Les grands chapitres* et *Autres sources d'inspiration*. Sous *Les grands chapitres*, vous trouverez la plupart des grands thèmes de l'expérience humaine, divisés en quatre sous-sections, soit les grandes questions (Qui suis-je ?, etc.), les grandes vagues (crises et états émotifs difficiles), les grands domaines (mental, physique, etc.), et les grands rêves (légende personnelle et projets). La section *Autres sources d'inspiration*, plus courte, concerne trois sources de matériel qui peuvent servir à alimenter le travail du journal, soit les rêves, les images et la vie courante. Vous pouvez consulter la table des matières en page 261 pour une liste plus détaillée des thèmes.

Les exercices suggérés ont pour objectif de susciter un travail concret qui permettra d'expérimenter les techniques pour ensuite les utiliser avec n'importe quelle question ou problème qui surgit dans notre vie. Je suggère de faire les exercices selon les préoccupations individuelles et non de les faire un après l'autre. Par ailleurs, comme les thèmes abordés sont en quelque sorte universels, il peut être très enrichissant et même surprenant d'explorer éventuellement les secteurs qui nous touchent moins ou même qui nous font un peu peur. On peut bien sûr modifier les exercices selon ce qui émerge spontanément du travail.

LES GRANDS CHAPITRES

12

Les grandes questions

De tous temps, les êtres humains se sont penchés sur les grandes questions de l'existence et ils ont tenté d'y répondre par le biais des religions, de la philosophie et plus récemment de la psychologie. Dans ce chapitre, je me pencherai sur quatre questions existentielles qui surgissent tout au long de notre vie et que le journal peut éclairer. J'aurais pu aussi inclure des questions plus larges sur le sens de la vie humaine en général, mais j'ai préféré m'en tenir à ces questions personnelles, laissant au lecteur le loisir d'explorer librement les autres questions.

 On appelle « crises existentielles » les moments de notre vie où nous sommes assaillis par ces questions : rien n'a plus de sens et on désespère de comprendre ce qui se passe en nous et ce qu'on doit faire de notre vie. On se retrouve dans des culs-de-sac provoquant parfois des états dépressifs ou apathiques, des demandes d'aide, ou encore des changements de cap. Lorsque ces grandes questions font surface, le journal est un outil précieux pour nous guider, pour nous éviter des détours et pour enrichir notre réflexion sur la vie.

QUI SUIS-JE ?

Cette question concerne l'identité et notre place dans le monde, parmi les autres. Elle est particulièrement présente à l'adolescence mais revient périodiquement tout au long de notre vie. Il semble que nous nous battions pour découvrir qui nous sommes et ensuite pour maintenir le contact avec nous-mêmes. Trop souvent nous nous définissons en fonction des autres ou de la société et il en résulte un sentiment d'aliénation. Nous ne savons plus qui nous sommes, nous n'arrivons pas à sentir notre substance intérieure. Il arrive même que nous développions la peur de ne trouver personne derrière nos masques, nos identités sociales. Pourtant, développer sa vie à partir de son expérience intérieure plutôt qu'à partir des attentes des autres contribue à une vie plus authentique, plus harmonieuse et plus heureuse. Il nous faut développer une solide conscience de soi, un sens de sa valeur et de son unicité, tout en étant en relation avec les autres. Les exercices qui suivent sont proposés comme des moyens d'explorer qui nous sommes et de maintenir le contact avec soi.

EXERCICES PROPOSÉS:

- *L'autoportrait:* Ici il ne s'agit pas de faire un dessin de votre visage mais plutôt de vous intérioriser pour sentir *qui* vous percevez que vous êtes, et ensuite de faire un dessin spontané, symbolique ou figuratif, à partir de ce senti. Après avoir fait le dessin, regardez-le quelques instants et écrivez autour du dessin tous les mots ou expressions qui vous viennent. Enfin, inscrivez vos réflexions.

- *Qui suis-je?:* Écrivez cette question en haut de votre page et faites 20 minutes d'écriture rapide. Réinsérez la question chaque fois que vous sentez un ralentissement, ou commencez chaque phrase par « je suis... ».

- *Les parties de soi:* Choisissez une partie de vous-même ou l'un de vos traits de personnalité (ex. votre partie gitane ou votre jalousie) et caricaturez-la pour en faire un personnage. Dessinez ce personnage et décrivez-le autour de votre dessin: ce qu'il aime ou n'aime pas, ses croyances, ses habitudes, ses besoins, etc. Tout ce qui vous vient en tête. Donnez-lui un nom. Puis engagez un dialogue avec lui.

- *L'inventaire:* Choisissez un aspect de vous-même sur lequel vous voulez vous pencher (ex: vos forces, vos blocages, vos croyances, vos désirs, vos peurs). Faites la liste de tous les éléments qui y sont contenus (ex: la liste de toutes vos peurs). Faites ensuite un dessin spontané de l'ensemble (vos peurs) ou d'une partie (votre peur de l'échec). Terminez avec un dialogue avec l'image (technique page 108).

Les parties de soi, première partie: exploration de l'ermite, partie qui n'a jamais assez de solitude, de temps pour créer, et qui est beaucoup dérangée par les autres.

D'OÙ JE VIENS?

Pourquoi suis-je comme je suis? Comment mon passé influence-t-il mon présent? Le passé nous a formés et il continue souvent à avoir de l'emprise sur nous et à déterminer notre présent, très souvent sans que nous en soyons conscients. Tout ce qui n'est pas résolu du passé, nous le portons avec nous. Par exemple, certains mécanismes de survie établis durant l'enfance nous ont suivis dans l'âge adulte et ne sont plus appropriés. S'ils étaient nécessaires autrefois, ils sont maintenant désuets, empoisonnant notre existence sans que nous sachions comment nous en affranchir. Dans la plupart des démarches de guérison nous sommes amenés à regarder les marques laissées sur nous par le passé. Le journal peut soutenir cette démarche en nous aidant à comprendre d'où l'on vient pour éventuellement nous libérer de nos entraves.

EXERCICES PROPOSÉS:

- *La pollution:* Faites 3 colonnes. À gauche, faites la liste de tout ce qui, du passé, pollue toujours votre présent: messages négatifs reçus, blessures non guéries, événements offensants. Au centre, indiquez comment cela pollue votre présent et à droite construisez une affirmation positive pour chacun des items. Par exemple: blessure: ma mère ne m'a pas désirée / impact: j'ai peur d'être abandonnée / affirmation: «J'ai le droit d'être en vie». Faites un dessin spontané illustrant la pollution intérieure venant du passé et disposez-en de façon symbolique.

- *Les vieilles blessures:* Intériorisez-vous. Laissez votre intuition vous guider vers une blessure du passé que vous savez ne pas être guérie. Illustrez-la de façon symbolique ou figurative dans votre journal et écrivez ce qui vous vient autour de votre dessin. Sur une autre page, dessinez un endroit paisible ou faites une image de guérison où vous intégrerez, en plus petit, le dessin de votre blessure (voir technique du zoom inversé, page 92, ou exercice page 191).

- *L'enfant en soi:* Avec la main non-dominante, dessinez l'enfant qui vit toujours en vous: dans quel état est-il? que fait-il?... Puis, engagez un

- Moi, je m'appelle Bernadette les couettes.

- Salut petite, quel âge as-tu?

- Je pense que j'ai huit ans. J'ai pas de nez ni d'oreilles.

- Ah bon! et où sont-ils?

- y'a quelqu'un qui me les a volés.

- Et pourquoi?

- Parce qu'il me trouvait naïve. Il a profité de moi. Pis je l'ai laissé faire parce que je lui faisais confiance et que je ne savais pas dire _non_

- Mais pourquoi le nez et les oreilles?

- Parce que je ne voulais plus sentir ni entendre.

- Qu'est-ce que tu ne voulais plus sentir ni entendre?

- les odeurs et les mots qu'il me fallait garder en moi. Si j'entends pas, je stoole pas.

L'enfant en soi, suivi d'un dialogue où une situation d'abus sexuel a ressorti.

dialogue main droite/main gauche avec lui : comment se sent-il ? de quoi a-t-il besoin ? etc. L'enfant utilise la main non-dominante.

- **Intégrer les forces du passé :** Faites une liste de ce que vous avez appris ou bâti dans le passé. À l'extérieur de votre journal, dessinez un symbole de vos forces et affichez-le dans un endroit spécial de votre maison.

OÙ J'EN SUIS ?

Qu'est-ce que j'attends de ma vie maintenant ? Pourquoi m'arrive-t-il ceci ? Pourquoi est-ce que je me sens ainsi ? Quel est le sens de ma vie ? Toutes ces questions se réfèrent au présent, à l'ici-et-maintenant. Le présent inclut tous les problèmes et défis de la vie courante, les décisions à prendre, les questions sur le sens de ce que l'on fait, les émotions, idées et sensations qui nous traversent. Le présent est crucial puisque c'est tout ce qui existe vraiment. Je crois que ce que la plupart d'entre nous recherchons, c'est d'arriver à sentir et savourer ce présent pleinement. Trop souvent, nous vivons dans le passé ou le futur, n'arrivant pas à nous arrêter pour goûter les choses. Lorsque nous parvenons enfin à ralentir le tourbillon, c'est souvent pour nous apercevoir que nous sommes confus, ne sachant plus où nous en sommes, ce que nous voulons, ce que nous ressentons. Les exercices qui suivent peuvent aider à habiter davantage notre présent, à le vivre de façon plus consciente et plus centrée.

EXERCICES PROPOSÉS :

- **La mise au point générale :** Posez-vous les questions suivantes : « Où j'en suis en ce moment dans ma vie ? Suis-je à une croisée de chemin, dans un tunnel, dans un chaos ou une envolée ? De quelle couleur est cette période ? De quelle forme ?... » Illustrez où vous en êtes de façon symbolique ou figurative. Donnez un titre à votre dessin. Écrivez autour de votre dessin tous les mots qui vous viennent puis terminez avec vos réflexions.

- **La mise au point spécifique :** Prenez une émotion, une idée ou une sensation de votre présent que vous voulez approfondir et arrêtez-vous pour la sentir vraiment. Illustrez-la, nommez-la, décrivez-la en quelques mots.

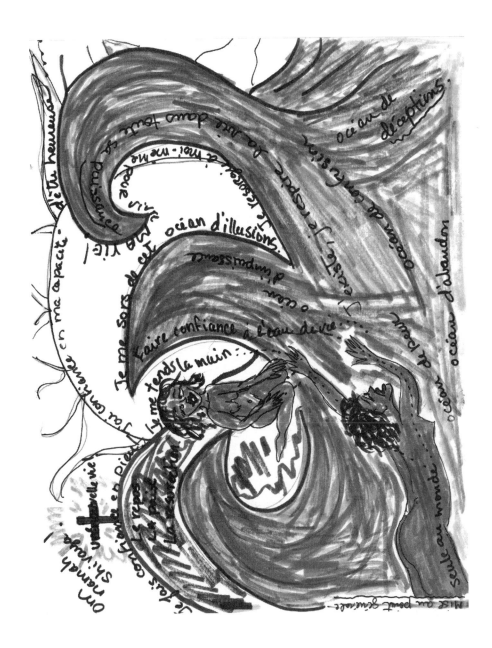

Mise au point générale, par une femme dans la trentaine en processus de séparation.

Laissez l'image vous parler, commençant par « je suis (par ex. ta peine, ton indécision, ta lourdeur...) et je veux te dire... ».

- *Le sens de ma vie:* Faites 3 pages ou 20 minutes d'écriture rapide en partant d'une ou plusieurs de ces questions: « Qu'est-ce qui m'amène le plus de joie? Qu'est-ce qui me fait sentir en vie, vibrant, rayonnant? Qu'est-ce qui a du sens pour moi? ». Ensuite, faites une liste de petites actions concrètes qui vous permettraient de créer plus de ces moments dans votre vie. Réalisez-en une cette semaine.

- *Problème courant:* Choisissez un problème ou défi que vous vivez en ce moment. Illustrez-le et donnez-lui un titre. Choisissez une personne qui vous inspire et que vous admirez (peut être réelle ou un personnage de fiction, quelqu'un que vous connaissez personnellement ou non) et écrivez un dialogue imaginaire avec cette personne, lui demandant conseil sur votre problème.

OÙ JE M'EN VAIS?

Quels sont mes buts? Ai-je une vision de ce que je veux dans l'avenir? Devrais-je quitter ce travail, ce conjoint, ce patelin? Ici, il est question du futur: nos rêves, nos désirs, notre potentiel à réaliser, nos visions. Tante Hélène m'a dit un jour: « Si tu veux tracer ton sillon droit, accroche ta charrue à une étoile »... Si on a un rêve, un objectif, on sait dans quelle direction aller. Ceci est important dans la mesure où notre vision donne un sens à notre vie et nous aide à savoir quels pas faire dans le présent. Pourtant, s'il y a une mise en garde à faire, c'est qu'il ne faut pas sacrifier le présent pour des désirs lointains et ainsi vivre dans un état d'insatisfaction perpétuelle, remettant toujours à plus tard le bonheur. Il faut aussi prendre garde de ne pas mettre en place des conditions d'échec et de blocage en se fixant des buts inaccessibles. Cela dit, avoir une saine vision de son futur est stimulant et constructif. Pourtant, beaucoup d'entre nous ont du mal à sentir quelle étoile pourrait les guider. Les exercices suivants visent à nous assister pour mieux visualiser le futur et nous y préparer. Ils permettront de mettre en place les conditions nécessaires pour aller dans la direction de notre vision. Les

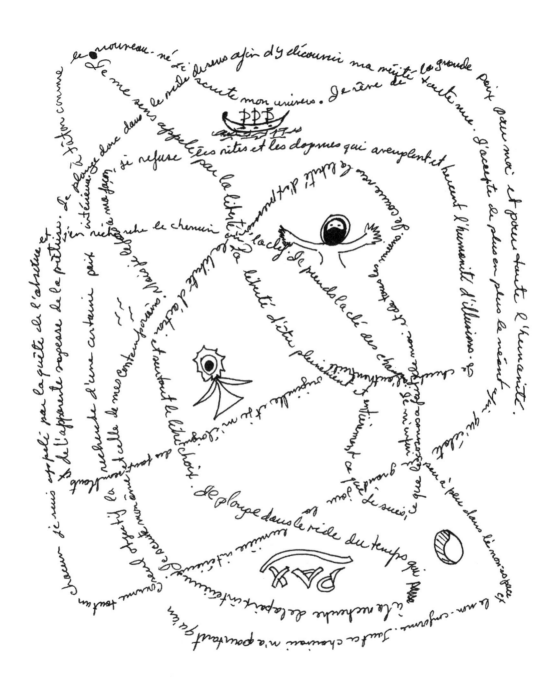

Exercice *Ma vision*.

exercices sur la crise de sens (page 145) et sur la légende personnelle (page 206) sont également très pertinents.

EXERCICES PROPOSÉS :

- *Ma vision:* Quelle est votre vision de votre vie ? Qu'est-ce qui vous appelle ? Quels sont vos désirs les plus profonds ? Prenez le temps de vous fermer les yeux pour laisser monter des images de ce que vous souhaitez pour le futur. Écrivez en crayon fou (technique *Écriture en folie* page 70) pendant un minimum de 15 minutes en débutant avec la phrase : « Je me sens appelé par... ». Répétez pendant plusieurs jours si nécessaire. Vous pourriez aussi débuter par l'exercice *Le fil conducteur* (page 146).

- *Le bilan:* Divisez votre feuille en 3 colonnes, portant les titres suivants : *«d'où je viens?»*; *«où j'en suis?»*; *«qu'est-ce qui m'appelle?»*. Remplissez chaque colonne de couleurs, de formes et de mots qui représentent vos idées et émotions sur chaque question. Sur la page suivante, inscrivez vos réflexions.

- *La croisée des chemins:* Détendez-vous et imaginez la scène suivante : vous êtes à un carrefour, chaque chemin représentant un futur possible. Quels chemins s'ouvrent devant vous ? Permettez-vous d'être fantaisiste. Quelles images et sentiments vous viennent, en rapport avec chaque chemin ? Prenez le temps de sentir chaque option et quand vous êtes prêt, ouvrez votre journal. Illustrez librement votre visualisation ou utilisez le diagramme en colonnes pour dépeindre chaque option. Écrivez vos réflexions.

- *Décisions:* Révisez votre vie mentalement, comme si c'était un film. Arrivé au présent, imaginez que vous vous retrouvez dans un endroit inspirant et « ressourçant », où vous allez prendre le temps de réfléchir aux décisions en cours. Un être sage vous attend sur place. Vous engagez la conversation et il ou elle vous guide dans vos réflexions. Inscrivez le dialogue dans votre journal, ou dessinez une image qui vous est venue.

13

Les grandes vagues

Les temps de crise et les grandes émotions sont comme de grandes vagues. Ils contiennent beaucoup d'énergie, et peuvent soit nous précipiter au fond de la mer soit nous soulever pour nous porter vers le rivage. Apprendre à canaliser cette énergie intense est le plus beau cadeau que l'on puisse se faire. Malheureusement, trop souvent cette intensité nous fait peur et on cherche à la fuir. Pour éviter une crise par exemple, on fera des efforts énormes pour maintenir des situations qui ne sont plus génératrices de vie.

On peut pourtant utiliser l'énergie des crises et des grandes émotions pour aller plus loin en soi, pour dénouer des vieilles blessures, pour effectuer des changements, se renforcer, s'ouvrir davantage. En d'autres mots, on a le choix entre utiliser l'inconfort et la douleur pour ouvrir ou pour fermer son cœur. Consciemment ou non, quand on fait le choix de se blinder pour ne plus souffrir, c'est toute l'énergie vitale qui se durcit. On ne peut pas refuser de sentir la souffrance et continuer de sentir la joie. Comme dit si bien Khalil Gibran : «Plus profondément le chagrin creusera votre être, plus vous pourrez contenir de joie*». Se fermer à nos crises et émotions c'est donc se fermer à notre flot créateur. Mais attention, il ne s'agit pas non plus de se laisser engloutir, d'être à la merci des vagues, sans direction, comme un bouchon de liège perdu en mer. Il nous faut développer une ancre en soi pour ne pas dériver, tout en utilisant l'énergie des grandes marées pour se rapprocher de notre destination et de qui l'on est.

Ce chapitre est divisé en deux sections, soit *les crises* et *les états émotifs difficiles*.

---

* *Le Prophète*, Paris, Casterman, 1956.

LES CRISES

Les crises de la vie sont des occasions incroyables de croissance et de créativité, mais elles sont parfois si pénibles que beaucoup de gens font des pieds et des mains pour les éviter, ou encore accusent le coup sans jamais s'en remettre, traînant leur amertume pendant des années, voire même toute leur vie. Les crises sont des passages difficiles, des initiations, des épreuves de force. Il faut s'en servir et délaisser le rôle de victime si on veut vieillir sans devenir aigri.

Prenons l'exemple de Josée qui, pour ne pas perdre l'illusion qu'elle avait de son mariage parfait, fermait les yeux sur les infidélités de son conjoint. Elle justifiait les absences de celui-ci par des théories élaborées mais souffrait d'anxiété et de troubles digestifs qui allaient en s'aggravant. Toute son énergie était utilisée pour nier la situation, et elle n'en avait plus pour ses projets et ses enfants. Pour éviter la crise qui allait découler de la confrontation avec la vérité, elle payait le prix fort. Quand son conjoint s'est ouvert à elle, elle ne pouvait plus se fermer les yeux et elle dut alors faire face à la crise. Dans un torrent d'émotions fortes, une immense énergie se libéra, faisant disparaître rapidement ses problèmes gastriques et générant de grandes discussions et des changements importants. Ils choisirent de préserver leur union en faisant des réajustements majeurs, ce qui s'avéra salutaire pour toute la famille. Josée a donc su utiliser l'énergie de la crise pour faire des changements qu'elle n'aurait pas faits si la petite vie tranquille s'était poursuivie.

Le journal créatif est un outil particulièrement utile pour nous épauler durant ces périodes. C'est une ancre dans la tempête. Il m'a personnellement tirée d'affaire plus d'une fois, me donnant l'impression que son travail accélérait le processus de guérison et permettait l'intégration des enseignements liés aux crises de façon plus profonde et plus durable. J'ai moins peur de ces grands bouleversements depuis que j'ai vu de quelle façon le journal m'épaule et m'enseigne lors de ces passages difficiles.

Dans cette section nous allons voir trois types de crise, soit les pertes et les deuils, les crises de sens et les crises liées aux étapes de la vie.

Pertes et Deuils

Conversation avec Dieu

1° Perte d'une autonomie financière c'est-à-dire d'un emploi et la tromperie du conjoint que cela, ou qu'est-ce que tu veux m'enseigner ?

Que tu sois Consciente de ta VAleur, que tu mérites le respect et l'amour, d'abord de toi-même pour ensuite l'obtenir des autres et d'un travail valorisant et épanouissant. Pour faire fleurir tes talents et ton amour d'autrui. L'Abondance te sera accordée.

2° Pourquoi cette peur de séparation, pourquoi cette culpabilité face à ma fille ?

La peur de la séparation est très normale. Cette déchirure te permet de compléter une partie importante de ta vie où l'autre était plus important que toi-même. L'autre tu ne peux évoluer, cheminer à sa place. Tu ne peux pas le forcer à s'ouvrir... Va et prends ton chemin et ne perds Jamais de vue ta valeur.

Pour ce qui est de ta fille, fais-lui confiance elle a une grande intelligence du ♡. Elle est sensible à ton bonheur... Et à Celui de son père. Elle aura un deuil à faire sur son mode de vie mais elle sait profondément que maman et papa l'aiment et que vous serez là pour elle dans ses joies et ses peines...

Partie d'une *conversation avec la Vie*, à la suite d'une perte d'emploi doublée de la découverte de l'infidélité du conjoint.

A) Pertes et deuils

Le déclencheur le plus fréquent de crises est la perte de quelqu'un ou de quelque chose qui nous est cher. Il y a de nombreux types de deuil : décès ; séparation ou divorce ; toute brisure de relation ; perte d'emploi ; déménagement ; fausse couche ; avortement ; perte de capacité physique ou intellectuelle due à une maladie ou un accident ; déception face à des attentes ; perte d'un rêve ou d'un projet ; etc. Selon la nature et la gravité de la perte que l'on vit, notre processus de deuil sera plus ou moins douloureux et plus ou moins long. De nombreux spécialistes en la matière* ont écrit sur les différentes phases à traverser mais ils ont aussi constaté que les pertes n'occasionnent pas que de la douleur. Elles peuvent être une cause majeure de transformation positive. En effet, si nous arrivons à les utiliser positivement, elles nous poussent vers plus de vie. Le but des exercices proposés ici est de nous aider à «faire nos deuils», c'est-à-dire à vivre le processus de façon saine. Vous pouvez bien sûr varier les techniques pour exprimer toute la gamme d'émotions déclenchées par un deuil.

EXERCICES PROPOSÉS :

- *Vider son cœur :* Faites un dessin spontané qui exprime vos émotions face à votre perte. Exprimez tout ce que vous avez sur le cœur : l'amour, la rancœur, la colère, la peine, tout. Écrivez des mots autour de votre dessin et terminez avec vos réflexions.

- *Correspondance :* Écrivez une lettre fictive à la personne qui est partie (mort, séparation). Videz votre cœur, n'ayez pas peur de vos mots. Écrivez vos réflexions suite à la lettre. Vous pouvez aussi écrire un dialogue imaginaire entre vous et cette personne. Je suggère d'installer une photo et une chandelle près de vous et de vous recueillir un instant en pensant à la personne avant de commencer.

- *Conversation avec la Vie :* Adressez-vous directement à la Vie, à Dieu (autre nom selon vos croyances). Posez toutes les questions qui vous

---

*   Voir les ouvrages de Kübler-Ross, Simonton, Siegel, Borysenko, Viorst et Levine cités en bibliographie.

Technique *Mots-sur-image*, première partie de l'exercice *Mon cœur me dit* (page 187).

Combinaison de techniques : *mots-sur-image*, *silhouette* et *art positif*. Dans ce cas-ci, la silhouette est utilisée pour se recentrer et s'affirmer (voir page 102).

Diagramme en cercle représentant le contenu de la tête, selon l'exercice qui figure en page 165.

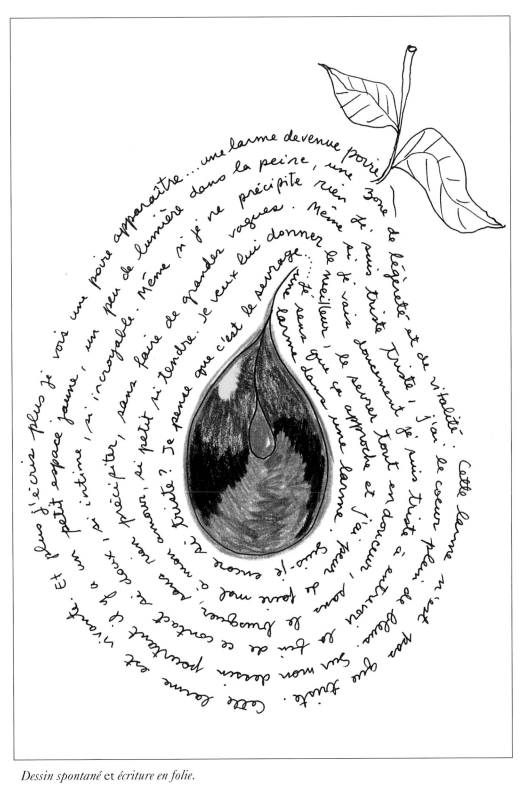

Dessin spontané et *écriture en folie.*

LE DÉSESPOIR, C'EST
PLEURER SON ÂME
SANS ÊTRE ENTENDU.
C'EST LA PIRE DES
SOLITUDES.

L'ÉNERGIE VITALE EST NÉCESSAIRE À MON ÉPANOUISSEMENT.
C'EST MA SOURCE DE VIBRATIONS ÉLEVÉES À LAQUELLE JE N'AI
PAS ACCÈS POUR LE MOMENT. MAIS J'AI ESPOIR DE RENOUER CON-
TACT AVEC ELLE. MON ESPOIR ME DIT QUE JE SUIS DÉJÀ SUR LE BON
CHEMIN POUR VAINCRE CE DÉSESPOIR QUI M'HABITE DEPUIS TOUJOURS

BON COURAGE ET QUE DIEU TE GUIDE ♥

La fissure, première étape ; la participante a identifié qu'en dessous de son désespoir est enfermée son énergie vitale (page 152).

hantent, videz votre cœur, et inscrivez les réponses qui vous viennent. C'est un exercice surprenant...

- *Les « au revoir » :* Faites un rituel d'au revoir pour la personne disparue, ou encore pour un projet qui a avorté ou la perte d'un emploi, par exemple. Rassemblez quelques objets symboliques ou créez quelque chose qui représente votre perte (un dessin, un objet en glaise, etc.). L'étape suivante est de disposer de ce dessin ou objet d'une façon qui vous parle. Par exemple, vous pouvez brûler les lettres de votre ex-conjoint après avoir lu un texte sur vos intentions de laisser aller la relation ; ou encore vous pouvez enterrer une statuette représentant votre maison perdue lors d'une faillite. Écrivez ensuite vos réflexions dans votre journal.

B) Crises de sens

Les crises de sens sont de grandes remises en question : on s'interroge sur nos choix, nos valeurs, sur le sens de notre travail ou de notre vie de couple, sur le sens de notre vie. Elles sont souvent combinées à autre chose, pouvant être déclenchées par un autre type de crise ou étant le résultat d'une accumulation de stress ou de questionnements pour lesquels on n'a pas encore trouvé de solution, et qui atteignent éventuellement un point culminant. On voit des gens en crise de sens tout lâcher pour partir au bout du monde, se saouler pour ne plus penser, tomber en dépression, partir en retraite personnelle, tout est possible. Encore une fois, on peut soit couler au fond de la mer soit utiliser notre énergie pour nous rapprocher de qui nous sommes vraiment. Les exercices qui suivent sont conçus pour vous aider à approfondir la question du sens et trouver les visions qui en découlent. Les exercices sur la question « où je m'en vais ? » (page 138) sont aussi très pertinents.

EXERCICES PROPOSÉS :

- *Quel est le sens de tout ça ? :* Écrivez 3 pages en écriture rapide tous les matins pendant une semaine en inscrivant cette question en haut de la page. Écrivez le plus vite possible et ne vous relisez pas avant la fin de la semaine. Après la relecture, faites un dessin spontané et inscrivez vos réflexions.

- ***Qu'as-tu à m'enseigner?*** *:* Illustrez votre crise de sens de façon spontanée. Écrivez les mots qui vous viennent autour de votre dessin puis donnez-lui un titre. Sur la page suivante, écrivez en grosses lettres « Qu'as-tu à m'enseigner? » et imaginez ce que votre dessin vous répond. Écrivez-le.

- ***Le sentier:*** Imaginez votre vie comme un sentier: d'où venez-vous? où allez-vous? Dessinez un sentier et identifiez les moments charnières de votre vie – vous pouvez inscrire l'année et l'événement ou vous exprimer de façon symbolique (par exemple: votre divorce est une tempête, votre thérapie, un pont, etc.). Observez votre dessin puis écrivez une histoire à la troisième personne (il ou elle). Quand vous arrivez au présent, imaginez qu'une personne sage se glisse dans votre histoire et écrivez votre conversation.

- ***Le fil conducteur:*** Imaginez qu'il y a un fil conducteur qui court en-dessous de tous les événements de votre vie, qui lie les choses ensemble, qui a influencé vos choix et votre parcours. C'est quelque chose qui vous a suivi tout le temps, malgré les détours et les errances. C'est souvent par exemple l'amour pour quelque chose: les enfants, la terre, les voyages, l'art, etc. C'est le liant de votre vie. Quel est-il? Prenez le temps de méditer sur ce sujet, puis dessinez-le, symboliquement ou figurativement. Écrivez tout ce qui vous vient autour du dessin puis inscrivez vos réflexions.

C) Crises liées aux étapes de la vie

La vie est jalonnée d'étapes, plus ou moins marquantes selon les circonstances qui nous entourent et le soutien que l'on reçoit à ces moments-là. Certaines étapes amènent des crises majeures, d'autres nous minent intérieurement pendant de longues périodes, d'autres sont traversées de façon profitable et enrichissante. Entre la naissance et la mort il y a de nombreuses étapes: l'entrée à l'école, la puberté, l'adolescence, l'entrée dans le monde adulte, les grossesses, les crises liées à l'âge (souvent aux dizaines), la ménopause, l'andropause, la retraite, le vieillissement, la perte d'autonomie, etc. Il est tout à fait normal et sain d'être affectés par ces passages. Ces crises nous poussent vers un nouveau niveau

Je suis angoissée. J'ai perdu une sécurité que j'avais. J'ai une
peine sans fond. Une déception, une peur, une tristesse. Quelque
chose s'est écroulé et moi j'ai la peur du vide. Même si au fond
je pense que c'est pour le mieux parfois je n'en suis pas si sûre.
Toute cette merde! Merde merde merde – toute cette noirceur toute
cette souffrance j'en ai marre. Je suis fatiguée. Je suis tannée.
Je ne veux pas passer des mois accrochée à lui, à avoir peur qu'il
parte, à me sentir perdue! Je ne veux pas! Que faire oh mon dieu
parle-moi, explique-moi, éclaire-moi, prends-moi dans tes bras et
rassure-moi... SVP parle-moi, j'ai besoin de toi en ce moment!

- Je suis ici avec toi. Je suis. Assieds-toi immobile, calme-toi,
tu me sentiras. Appuis-toi sur moi. Dors dans ma paume. Ne t'inquiète
pas tant avec des choses hypothétiques. Laisse aller. Laisse tout
ça aller. Ne t'accroche à rien. Respire et laisse aller! Respire à
travers ta douleur et ta peur, je suis de l'autre côté. Je suis
toujours avec toi. Toujours.

- Qu'est-ce que je peux faire de façon très concrète?

- Continue de faire les pas, un à la fois. Va travailler. Et essaie
de passer du temps toute seule. N'essaie pas de le sauver. Surtout
pas. Reste claire et centrée, dis ce qui est vrai pour toi, aide-le
un peu mais ne deviens pas une bouée. Il crie à l'aide mais il doit
apprendre à faire ses pas à sa façon. Ne les fais pas à sa place!
Sois simplement là, avec lui, et continue ton propre travail, c'est
la seule chose que tu puisses vraiment faire. Cela aura un impact
sur votre relation mais tu ne peux pas savoir à l'avance. Fais
confiance au processus. Tu amènes plus de lumière dans ta vie,
qu'est-ce qui pourrait arriver de mal? Confiance confiance confiance.
Fais confiance qu'en amenant plus de lumière tu seras dans plus de
lumière. Tu seras plus belle, tu sentiras tout plus pleinement. Tu
ne vivras pas dans la peur. Mais tu dois faire ton travail.
Commence où tu es. Lèche tes blessures. Tu guériras.

Quel est le sens de tout ça? Femme de 35 ans en crise de couple. A écrit tous les matins (écriture rapide) pendant plusieurs semaines pour trouver le sens de sa crise. Extrait tiré de son journal, environ 2 semaines après le début de la crise. L'écriture s'est transformée en dialogue avec Dieu. Elle rapporte avoir traversé sa crise de façon plus rapide et plus harmonieuse grâce à l'écriture.

de croissance et sont donc accompagnées de la perte du niveau précédent. La femme qui accouche de son premier enfant passe à l'état de mère mais perd une part de sa liberté de femme sans enfant. Donc dans chaque crise, s'il y a perte il y a aussi le nouveau qui émerge, amenant une poussée d'énergie créatrice. Si on vit bien ces passages, on peut se retrouver complètement revitalisé ! Beaucoup de sociétés humaines attachent à ces étapes tant d'importance qu'elles les entourent de rituels élaborés et riches de sens. Ce sont les rites de passage. Plusieurs auteurs contemporains (Robert Bly, Malidoma Somé, Paule Lebrun) avancent que dans nos sociétés industrialisées, l'absence de rites de passage est l'une des causes de nos multiples problèmes sociaux. Les exercices qui suivent visent à nous amener à prendre le temps d'intérioriser ces passages, à y réfléchir et à en tirer des enseignements.

EXERCICES PROPOSÉS :

- *Étapes de vie :* Faites 20 minutes ou 3 pages d'écriture rapide sur ce que vous sentez dans la situation actuelle. Écrivez sur vos émotions, vos sensations et vos pensées. Votre vie est en mouvement, essayez de saisir ce qu'elle attend de vous en ces temps difficiles. Quand vous avez terminé, relisez-vous puis choisissez un mot clé qui ressort du texte et illustrez-le de façon spontanée.

- *Mort-renaissance :* Pensez à l'étape de vie que vous êtes en train de traverser. Posez-vous les deux questions suivantes : « Qu'est-ce qui meurt en ce moment dans ma vie ? » et « Qu'est-ce qui est en train de naître en ce moment dans ma vie ? ». Illustrez ces deux questions sur deux pages séparées. Sur une troisième page, combinez les deux dessins en un (technique du trio, page 94). Inscrivez vos réflexions.

- *Histoire d'étape :* Faites un diagramme en bulles (page 74) à partir du mot qui caractérise l'étape que vous traversez (ex. 40 ans, ménopause, paternité...). Quand vous avez terminé, relisez vos mots puis écrivez une histoire qui inclura 4 ou 5 de ces mots. Écrivez votre histoire à la troisième personne (ex : Il était une fois un homme qui allait avoir 40 ans. Il...).

Il était une fois une femme
recevant un enfant humide sur son ventre
un cri
une mère
l'amour fou.
Il était une fois un port d'attache et un chemin.
L'amour certains jours était un grand défi
    se faisait lourd
    lourd de peurs et de désirs
Il était une fois
une femme
un chemin

Histoire d'étape – la maternité.

- *Rite de passage :* Créez un rituel de passage pour vous-même, en deux étapes. D'abord créez un objet ou un dessin symbolisant ce que vous voulez laisser aller. Deuxièmement, écrivez une lettre d'invitation à la nouvelle étape qui commence. Allez dans un endroit qui vous inspire et disposez de votre objet d'une façon symbolique (brûlé, enterré...). Quand vous vous sentez prêt, lisez votre lettre d'invitation à haute voix. Écrivez vos réflexions dans votre journal.

ÉTATS ÉMOTIFS DIFFICILES

Comme dans le présent chapitre il est question de « grandes vagues », je n'écrirai pas sur le monde émotif en général (couvert dans le chapitre suivant, en page 186), mais plutôt sur les états émotifs difficiles qui, poussés à l'extrême, peuvent être destructeurs. En effet, il arrive que l'énergie des émotions soit comme un raz-de-marée qui menace de détruire tout ce qu'il y a autour : les autres, soi-même ou l'environnement, incluant nos projets et nos rêves, nos créations et celles des autres. Les exercices que vous trouverez ici ont été conçus pour ces états particulièrement difficiles mais ils peuvent aussi être utilisés pour travailler avec les émotions dont il est question (la déprime, la colère, la peur, la tristesse et l'envie). En effet, il est préférable de ne pas attendre le raz-de-marée destructeur pour se pencher sur ces turbulences !

Toutes les émotions font partie de l'expérience humaine, elle sont des réponses naturelles à ce qui se passe autour de nous et en nous. Elles vont et elles viennent, et leur énergie doit circuler le plus librement possible si nous voulons garder un certain équilibre. Les émotions deviennent des états émotifs difficiles quand la circulation de cette énergie a été bloquée ou détournée, en général pendant une période assez longue pour s'être accumulée et avoir créé une grande pression interne. C'est quand on n'arrive pas à relâcher cette pression que l'on développe des problèmes tels que la dépression ou les phobies, l'agressivité chronique ou l'anxiété. Par conséquent, le travail à faire en premier lieu est de relâcher la pression, donc d'exprimer les émotions qui ont été retenues pour arriver ensuite à les observer et les comprendre. En général, après cette étape, l'énergie se transforme et peut être canalisée de manière créatrice et non destructrice. Il va sans dire que ce travail peut être long et que dans certains cas le journal n'est pas suffisant pour contenir cette énergie et la rediriger. De l'aide professionnelle peut être nécessaire pour un certain temps. Par contre, le journal est toujours un allié pouvant solidifier le travail entrepris ailleurs. En effet, l'art et l'écriture sont des moyens hors pair pour relâcher la pression de façon créatrice.

A) Broyer du noir: la déprime

Imaginez qu'on recouvre d'asphalte un champ de plantes sauvages. L'eau et la lumière ne parvenant plus à elles, elles étouffent. Pourtant, dans chaque fissure la vie reprend. Il en est de même quand la noirceur émotive prend le dessus. La nourriture n'arrive plus, on a une croûte « protectrice » qui empêche la circulation de l'énergie vitale. Broyer du noir c'est ça. On a bâti une protection pour ne pas sentir certaines choses douloureuses et cette protection nous coupe non seulement de nos souffrances mais aussi de nos nutriments. Notre vitalité diminue jusqu'à la dépression, les idées suicidaires, parfois le suicide. Il faut fissurer davantage l'asphalte pour que l'énergie se remette à circuler et pour empêcher que la vie n'étouffe tout à fait. Les exercices suivants vont dans ce sens, mais peuvent aussi être adaptés pour travailler sur une déprime passagère.

EXERCICES PROPOSÉS:

- *Le cri:* Faites 20 minutes d'écriture rapide tous les jours pendant trois jours en commençant avec les mots « je crie que... ». Réinsérez cette phrase régulièrement dans l'écriture. Qu'est-ce qui est pris en dedans de vous et cherche à s'exprimer? Incluez tout, les vieilles colères, les vieilles blessures, tout. Relisez-vous à la fin des trois jours et dessinez un mandala (technique page 104).

- *Le personnage noir:* Imaginez que votre noirceur ou dépression est un personnage qui vit en vous. Il ou elle voit tout en noir et draine votre vitalité de cette façon. Caricaturez-le, décrivez-le en mots et/ou dessinez-le. Donnez des détails: ses goûts, ses croyances, ses habitudes, etc. Puis faites-le parler. Écrivez ce qu'il vous dit et engagez un dialogue, si désiré.

- *La petite lumière :* Dessinez votre noirceur en imaginant que quelque part une petite lumière a survécu et s'est fait une petite place dans votre dessin. Elle peut être aussi petite qu'un point mais elle doit figurer dans votre dessin. Écrivez tout ce qui vous vient autour du dessin. Faites un zoom (technique page 92) de la petite lumière sur une deuxième page puis faites-la parler. Écrivez vos réactions.

- *La fissure :* Divisez une page en deux sur le sens de la largeur. Illustrez votre noirceur dans la section du haut, de façon symbolique ou figurative. Qu'est-ce qu'il y a en dessous? Qu'est-ce qui se cache sous la couche de désespoir? Prenez le temps de vous intérioriser, puis dessinez spontané-ment ce qui vous vient. Écrivez des mots autour de votre dessin. Maintenant, fermez vos yeux et imaginez qu'il y a une fissure entre le bas et le haut, que « l'asphalte » craque. Que se passe-t-il? Prenez le temps de laisser monter des images, puis reportez-vous à votre journal pour y écrire ou dessiner, selon votre choix (voir illustrations couleur, pages centrales).

B) Voir rouge : la colère

La colère est une émotion saine qui s'exprime entre autres quand on n'est pas respecté ou quand on est témoin d'une injustice. À l'extrême, par ailleurs, on trouve la rage et la haine, l'agressivité chronique. Cela devient une émotion pro-blématique – comme si un volcan de frustration et de rage coulait dans nos veines et que sa lave cherchait constamment un exutoire. C'est comme l'antipode de la dépression. C'est la rage qui domine, et en général l'exprimer n'est pas un pro-blème. Parfois elle s'exprime de façon évidente (violences de toutes sortes) et parfois de façon sournoise (manipulation, agressivité passive, etc.). L'énergie vitale ne semble pas tant bloquée que polluée, contaminée. La colère semble servir d'écran ou de protection contre d'autres types d'émotions. Les exercices qui suivent visent à travailler ce type de problème mais peuvent être adaptés pour travailler toute colère ou irritation intense.

EXERCICES PROPOSÉS :

- *Les racines de la colère :* Faites 20 minutes d'écriture rapide pendant trois jours en partant avec les mots « Je suis en colère parce que... ». Réinsérez

Il y a en moi une femme qui ne veut ou ne peut être heureuse. Elle cherche toujours une prise pour exprimer sa frustration. N'importe quoi. Je la sens ce matin. Elle se plaint de tout, elle veut chialer. Mais c'est plus profond que du chialage. C'est l'absence de joie. C'est être malheureuse. Comme ça, pour n'importe quelle raison. Des raisons ça se trouve. Facile. Ceci cela. J'ai trop chaud j'ai trop froid. Elle voit tout avec cynisme. Mais qu'est-ce qu'elle me veut à la fin? Qu'est-ce que tu veux? Tu veux mourir ou quoi? Tu veux que je focusse sur ce qui est noir et que je m'en plaigne jusqu'à ma mort c'est ça? Que je traîne ma peau dans ma vie comme un boulet, que je crève de peine, que je suinte le malheur? Qu'est-ce que tu veux? Que je sois malheureuse avec toi?
  - Oui, OUI. Que tu sois avec moi, que tu viennes de mon bord.
  - Tu veux mon énergie de vie, la tirer vers le bas, me tuer ce qu'il me reste c'est ça?
  - Je ne sais pas.
  - Tu ne sais pas.
  - Non je ne sais pas. Je veux juste ne pas être si seule.
  -

Alors je l'ai prise dans mes bras. C'est une petite fille sombre.
Elle a grandi pour ensuite devenir une femme blessée.

Le personnage noir: un dessin a émergé spontanément du dialogue.

cette phrase régulièrement dans l'écriture. Incluez tout, pas besoin que ce soit logique ou rationnel. Relisez-vous à la fin des trois jours et dessinez un mandala (technique page 104).

- *Le personnage rouge :* Imaginez que votre agressivité ou rage est un personnage qui vit en vous. C'est un personnage volcanique qui vous fait exploser constamment, intérieurement ou extérieurement. Imaginez les détails, caricaturez-le. Décrivez ce personnage en mots et/ou dessinez-le. Donnez des détails : ses goûts, ses croyances, ses habitudes, etc. Faites-le parler et ensuite engagez un dialogue avec lui.

- *Ma colère :* Faites la liste de 50 choses qui vous mettent en colère. Rendez-vous à 50. Quand vous avez terminé, relisez-vous et écrivez vos réflexions. Ensuite, utilisez la silhouette (technique page 102) et dessinez votre colère à l'intérieur de vous. Prend-elle beaucoup de place ? Depuis quand la portez-vous ? Vous sert-elle d'une façon ou d'une autre ? Vous protège-t-elle de quelque chose, par exemple ? Veut-elle vous dire quelque chose ? Écrivez les réponses à ces questions autour de la silhouette. Pour terminer, sur une autre page, dessinez une image apaisante de votre choix.

- *Catharsis :* Hors journal, prenez 3 grandes feuilles de papier (environ 24 x 36 po ou 60 x 90 cm), mettez une musique qui exprime votre rage et couvrez les 3 feuilles de couleur, une après l'autre. Après cela, éteignez la musique et allez à votre journal écrire 3 pages d'écriture rapide, en commençant toutes les phrases par « Je sens... ».

C) Blanc de peur

La peur est une réponse humaine naturelle devant un danger. Elle stimule une réaction corporelle puissante (décharge d'adrénaline, etc.) nous aidant à fuir ou attaquer. Les peurs plus préventives (par ex : j'ai peur que mon enfant se blesse quand il joue avec un couteau) servent à réfléchir sur une situation et prendre des mesures pour assurer sécurité et harmonie. Par contre, les peurs et les inquiétudes de toutes sortes sont très fréquemment une source de pollution majeure dans la vie courante. À l'extrême, on se retrouve avec des phobies ou de

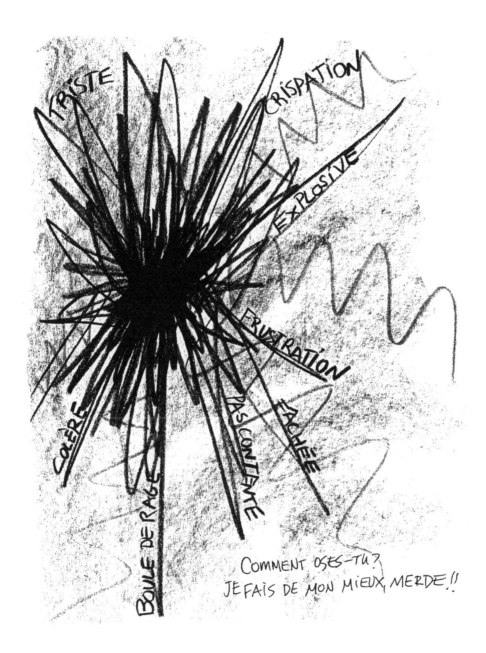

Catharsis (modifié) : expression spontanée de colère (dans le journal) après une confrontation difficile.

l'anxiété chronique. Les scénarios de catastrophes potentielles défilent dans la tête comme un cinéma d'horreur qu'on se fait à soi-même. Toute la créativité et l'énergie vitale sont polluées par ces scénarios, et un travail de réflexion peut être bénéfique. Les exercices qui suivent sont conçus à cet effet.

EXERCICES PROPOSÉS:

- *Les racines de ma peur:* Faites 20 minutes d'écriture rapide pendant trois jours en partant avec les mots «J'ai peur...». Réinsérez cette phrase régulièrement dans l'écriture. Incluez tout, pas besoin que ce soit logique ou rationnel. Relisez-vous à la fin des trois jours et dessinez un mandala (technique page 104). Inscrivez vos réflexions.

- *Le personnage blême:* Imaginez que votre peur ou votre anxiété est un personnage qui vit en vous. Il ou elle a peur de tout et vous tient des propos inquiets tout le temps: «Il pourrait t'arriver ceci...», «Attention à cela...», «Et si tu avais le cancer...», etc. Imaginez ce personnage de façon caricaturée. Décrivez-le en mots et/ou dessinez-le. Donnez des détails: ses goûts, ses croyances, ses habitudes, etc. Faites-le parler puis engagez un dialogue avec lui.

- *Mes peurs:* Faites la liste de vos peurs – écrivez-en au moins 50. Allez jusqu'au bout de la liste. Quand vous avez terminé, relisez-la puis écrivez vos réflexions. Ensuite, choisissez une peur ou un thème qui est ressorti et faites-en un dessin spontané. Écrivez ce qui vous vient autour du dessin. Si désiré, demandez à votre peur: «À quoi me sers-tu? Que viens-tu faire dans ma vie? As-tu quelque chose à m'apprendre?» et écrivez la réponse qui vous vient.

- *La confiance:* Comme l'opposé de la peur est la confiance, imaginez un héros, ou une héroïne, doté d'une confiance immense dans la vie. Ce héros va partir en quête et va affronter ses peurs. Il peut, par exemple, se munir d'un objet magique ou d'un animal allié pour l'aider. Écrivez son histoire. Symbolisez ses peurs par des dragons ou des marécages poisseux, des monstres ou des obstacles. Ne vous limitez pas. Votre histoire peut se passer n'importe où, prendre n'importe quelle forme. Quand vous avez

La personne que je désire vous présenter fait partie intégrante de ma vie malgré mes efforts pour l'ignorer, la camoufler ou minimiser son importance. Elle est présente aussi bien dans mes rêves que dans mes pensées diurnes. Elle est là lorsque je pense effectuer un voyage, rénover un appartement, etc.

Mademoiselle Trouble-Fête est une véritable emmerdeuse qui m'enlève ma joie de vivre. Le bien-être semble menaçant pour elle. C'est une personne archi responsable qui porte le monde entier sur son dos et qui, de surcroît, veut être parfaite. Cette demoiselle longue et maigre a le front soucieux comme l'indique les sillons creusés aussi bien sur son front que sur ses joues. Elle est malingre, son visage est crispé et gris, sa mâchoire serrée, son dos voûté, son estomac en boule, ses mains tordues et ses orteils recroquevillés dans ses souliers. Elle se promène de long en large imaginant les pires catastrophes : le bébé qui trébuche et se fend la tête sur le mur de pierre ; son mari qui s'effondre sur la chaise du dentiste, victime d'une crise cardiaque ; l'auto qui dérape et va se ramasser dans le clos, etc. etc.

Comment vivre un peu de sérénité avec tant de messages polluants à l'intérieur ? Mademoiselle en a marre de cacher à tous son enfer intérieur et de faire bonne figure. Elle pense sérieusement faire une marche avec une pancarte où on lirait :

Oyé ! Oyé ! Venez voir à quoi mènent
les fausses images ;
Je montre enfin mon vrai visage ;
Pour exorciser ces peurs qui me portent ombrage...

Le personnage blême : description écrite d'un personnage inquiet et rempli de peurs.

terminé, dessinez un symbole de la confiance de votre héros ou héroïne et affichez-le au mur.

D) Avoir les bleus : la tristesse

La tristesse est une émotion saine qui se résorbe aisément après une crise de larmes, une conversation intime ou une bonne nuit de sommeil. Quand elle fait suite à un événement difficile elle peut durer plus longtemps ou revenir périodiquement sur une plus longue période. Par contre, quand la tristesse est notre compagne quotidienne, quand la batterie est à plat et qu'on a les bleus tout le temps, on est en déséquilibre. Cela s'exprime de différentes façons : on pleure beaucoup, on se plaint tout le temps, on est épuisé, on tombe malade, on n'arrive pas à s'intéresser à quoi que ce soit ou à mener à bien nos projets, on se traîne les pieds en rêvassant et espérant que quelque chose ou quelqu'un nous « sauve », etc. Il semble que l'énergie créatrice soit drainée par quelque chose. Elle se perd, ne se recrée pas. Où est notre vitalité, où se cache-t-elle ? Voici quelques exercices à ce sujet.

EXERCICES PROPOSÉS :

- *Les racines de ma tristesse :* Faites 20 minutes d'écriture rapide pendant trois jours en partant avec les mots « Il/elle est triste parce que… » (voir technique *L'autre point de vue*, page 66). Réinsérez cette phrase régulièrement dans l'écriture. Incluez tout, pas besoin que ce soit logique ou rationnel. Relisez-vous à la fin des trois jours et dessinez un mandala (page 104). Inscrivez vos réflexions.

- *Le personnage bleu :* Imaginez que votre tristesse ou ennui est un personnage qui vit en vous. Il, ou elle, est lourd de peine et draine votre énergie. Imaginez ce personnage de façon caricaturée. Décrivez-le en mots et/ou dessinez-le. Donnez des détails : ses goûts, ses croyances, ses habitudes, etc. Faites-le parler puis engagez un dialogue avec lui.

- *Le drain :* Qu'est-ce qui draine votre énergie vitale ? Qu'est-ce qui vous tire vers le bas ? Divisez votre page en deux et à gauche faites une liste de tout ce qui sape votre énergie, même les petites choses qui semblent

Elle marchait le long de la rivière, un chien comme compagnon de route vers je ne sais où. Ses personnages intérieurs apparaissaient tour à tour comme des vautours picorant son courage et son goût de vivre. L'existence même était devenue insolite. Un carrousel de blâmes, de reproches et de rejets passait dans sa tête. À un moment donné, elle s'assit au bord d'une falaise, hésitant entre la vie et la mort. Son chien près d'elle jouait mais il était devenu pour un instant des personnes avec leurs «sages conseils», promettant le bonheur à la condition «que tu fasses… penses… dises…» et que tout se règle simplement par la détermination et la volonté. À ces pensées, un poids lourd oppressait son cœur, sa respiration était écourtée; la peur, la colère, l'impuissance envahissaient son âme. Les larmes roulaient sur ses joues. D'instinct, son chien s'approcha d'elle. Son corps chaud lui rappelait la caresse apaisante et son bien-être. Où est la lumière.
Mon droit d'être MOI.

Exercice *Les racines de ma tristesse*, extrait et mandala « le clown triste ».

futiles. Incluez tout. Votre mère qui vous appelle tous les jours, votre emploi que vous n'aimez pas, les chaussettes qui traînent, tout. À droite, inscrivez vos réactions, réponses, affirmations ou solutions en lien avec la colonne de gauche. Choisissez un aspect à travailler et écrivez les petites actions concrètes que vous pouvez faire pour remédier à la situation. Dans la semaine qui vient, faites-en une. S'il s'agit de quelque chose de complexe comme changer d'emploi, lisez la section « grands projets » en page 208 et faites les exercices proposés. Si vous sentez des résistances, si vous n'avez le goût de rien changer, essayez les exercices proposés dans la partie sur les blocages en page 227.

- *La randonnée:* Faites une marche rapide d'environ 30 minutes, de préférence dans un site naturel. Concentrez-vous sur vos pas: le pied gauche, le pied droit, le pied... Respirez. À votre retour, *immédiatement*, ouvrez votre journal et faites un dessin spontané. C'est important que vous travailliez rapidement, sans réfléchir et sans vous laisser distraire par la vaisselle ou quoi que ce soit. Après avoir fait votre dessin, écrivez vos réflexions.

E) Vert de jalousie

La jalousie et l'envie sont des émotions difficiles parce qu'elles témoignent très souvent d'une insécurité intérieure ou d'une insatisfaction face à la vie. De plus, ce sont des émotions souvent niées. « Moi, jalouse! voyons donc! » Ou encore... « t'as décroché un rôle dans un film... *félicitations*!! » (sourire contrit et serrement d'estomac...). La jalousie se manifeste quand on a peur de perdre quelque chose que l'on a – on se sent menacé ou rejeté, on se compare, on doute de notre valeur, etc. L'envie, quant à elle, témoigne plutôt d'un désir d'avoir ce que quelqu'un d'autre a et indique ainsi des zones d'insatisfaction. L'envie est souvent inconsciente. Par exemple, si on a une passion pour la musique mais qu'on travaille comme comptable pour s'assurer une sécurité financière, on va peut-être se mettre à critiquer tous les musiciens du monde...La jalousie et l'envie sont de merveilleux indicateurs de nos peurs et de nos désirs, si on sait déchiffrer les messages! Voici quelques pistes de travail:

Jalouse de qui	Pourquoi	Peur / désir sous-jacent	Action
Collègue Yvan	Il a une énergie de tracteur, il a du charisme, il a l'air de toujours savoir où il s'en va.	Peur d'être « ordinaire »; désir d'avoir une vision claire d'où je m'en vais.	M'accepter comme je suis! Continuer à faire mes recherches pour une formation plus près de mes goûts.
Ma sœur Renée	Mange comme elle veut et reste mince! Bien dans son corps, sans inhibitions.	Peur de me laisser aller, de devenir grosse comme ma tante Micheline! Désir d'être bien dans mon corps.	Diminuer le grignotage; continuer la piscine mais surtout... m'accepter comme je suis!
Mon amie Chantal	Artistique. Chante et joue bien de la guitare.	Désir d'être plus créative; désir de m'exprimer.	Écrire tous les jours; prendre un cours de dessin aux loisirs.
La gang de l'été 97	Ils se voient encore – sans moi! Font des sorties de groupe à la campagne.	Désir de relations amicales chaleureuses et intimes, de complicité.	Cultiver mes amitiés actuelles; créer des activités stimulantes.
Prof de yoga Suzanne	Disciplinée! Elle pratique régulièrement yoga et méditation.	Désir d'être bien dans mon corps; désir de cultiver ma spiritualité.	Y aller un pas à la fois... je pars de loin! Faire mon yoga 3 fois par semaine, prendre une session par année avec Suzanne.

Exercice *Explorations*.

Pour préserver l'anonymat, le texte a été dactylographié et les noms et certains détails ont été changés.

EXERCICES PROPOSÉS:

- *Réflexions:* Réfléchissez à vos sentiments d'envie et de jalousie. Quand se présentent-ils? À quel sujet? Quels sont les scénarios que vous vous faites? Quelles sont vos peurs? Avez-vous des désirs inavoués? Faites 3 pages d'écriture rapide à ce sujet. Relisez-vous, identifiez trois mots clés et écrivez vos réflexions ou faites un dessin à partir de ces mots clés.

- *Ma jalousie:* Avec la main non-dominante, faites un dessin spontané illustrant votre jalousie. De quoi a-t-elle l'air? Quelle couleur associez-vous à cette émotion? Si cela vous aide, faites-en un personnage. Ensuite, toujours avec la main non-dominante, faites parler votre dessin (technique *L'image qui raconte*, page 110).

- *Explorations:* Faites 4 colonnes où vous inscrirez: 1) de qui vous êtes jaloux; 2) pour quelles raisons; 3) désirs ou peurs sous-jacents; 4) actions possibles (voir exemple, page précédente). Quand vous avez terminé, relisez votre diagramme et écrivez vos réflexions. Puis passez à l'action!

- *Affirmations:* Affirmez votre droit d'être tel que vous êtes et d'être où vous en êtes. Tout est parfait tel quel, il n'y a rien à changer. Écrivez-vous une lettre d'amour et d'encouragement, pleine de compassion pour votre cheminement. Tirez de votre lettre 2 ou 3 affirmations que vous retranscrirez et afficherez dans un endroit en vue. Utilisez vos affirmations quand vous sentez l'énergie de la jalousie vous saisir.

14

Les grands domaines

Nous allons maintenant nous pencher sur les quatre grands domaines de la vie humaine, soit le mental, le physique, l'émotif et le spirituel. Nous allons voir comment chacun de ces domaines a une saveur particulière comportant des défis singuliers. D'ailleurs, chacune de ces sphères a suscité beaucoup de recherche et, grâce à elle, la connaissance humaine s'est développée de plus en plus au fil des années. Je ne présente ici que quelques pistes de travail, consciente que des sciences complètes se sont développées autour de ces thèmes.

Ma vision générale de ces grands domaines a été surtout influencée par la pratique de la méditation. Dans la méditation, on apprend à observer ses sensations (le physique), ses émotions (l'émotif) et ses pensées (le mental). Il s'agit d'apprendre à les accueillir et les honorer sans être leur esclave, puis à s'identifier à une vision plus profonde de la réalité (le spirituel). Quand on arrive à s'observer de cette façon, on développe le *témoin* intérieur. Une distance se crée entre nous et ce qui se passe en nous, qui nous permet de faire des choix différents, davantage en harmonie avec notre vision profonde. À mon avis, l'art et l'écriture aident beaucoup à développer ce témoin parce qu'ils créent de façon très concrète cette distance. Nos sensations, nos émotions et nos pensées deviennent visibles, elles ont une existence à l'extérieur de nous – un dessin ou un écrit – et ainsi nous pouvons les observer avec un certain recul.

Vous trouverez dans ce chapitre une section pour chacun des quatre domaines cités. Comme ces domaines s'interpénètrent, l'être humain étant un tout complexe et non un ensemble de parties, je suggère d'utiliser les différentes sections de façon souple. Par exemple, si mon corps physique est malade, je pourrai faire les exercices figurant dans la section sur le physique, mais il serait aussi intéressant que je fasse certains des exercices des autres sections, puisque bien souvent nos émotions et nos croyances ont une grande influence sur notre santé.

LE MENTAL

La fonction du mental est de penser, de réfléchir, de résoudre des problèmes. Le mental est essentiel à notre bon fonctionnement. Sans lui nous ne pouvons ni conduire, ni parler, ni équilibrer notre budget. Le mental pense, il pense tout le temps. Et parfois on voudrait qu'il s'arrête, parce qu'on sent bien qu'il nous pollue, nous stresse, nous rend malheureux. Mais penser est sa fonction et il ne s'agit pas de l'arrêter ou de le démolir, mais plutôt d'apprendre à observer son contenu et à reconnaître ses mécanismes pour ne pas être constamment « mené en bateau » par nos pensées. En effet, celles-ci peuvent littéralement nous empêcher d'être heureux et présents à notre vie.

Comment le mental peut-il tant nous polluer l'existence? Il semble que ses deux mouvements naturels soient l'attirance et l'aversion[*]. On désire ou on a peur, et notre mental va créer des pensées et croyances pour justifier ces attirances et aversions. Par exemple, je peux avoir une simple attirance pour la mer, mais celle-ci devient polluante quand je développe des pensées comme: « si j'habitais au bord de la mer je serais heureuse ». Cette pensée est aliénante parce qu'elle me rend victime de ma situation présente, me projetant dans un futur hypothétiquement meilleur. Autre exemple: si j'ai peur des différences raciales, je peux en arriver à penser: « si ma fille sort avec un Noir, je la mets à la porte ». Ce genre de croyances négatives peut faire beaucoup de dommages, aussi bien dans notre vie que dans celle des autres. C'est pourquoi le travail sur le mental est si important.

Nous pouvons utiliser le journal pour observer le monde de nos pensées afin de repérer ce qui nous pollue et de nous en libérer.

---

[*]   Jack Kornfield, *A Path with Heart*, New York, Bantam Books, 1993.

A) Le mental ordinaire

Le mental ordinaire, ce sont les pensées ordinaires, le défilé habituel, le blabla constant qui nous habite. «Parfois j'aimerais me passer l'aspirateur dans la tête», disait une amie. Cela décrit bien comment on peut se sentir aliéné par le jacassement constant qui déferle en nous et nous empêche de relaxer ou de savourer le moment présent. Qu'on lave la vaisselle, qu'on conduise, qu'on fasse l'amour, on pense encore à autre chose. Ainsi, le mental ordinaire nous piège en nous éloignant du moment présent, et donc de notre vie.

EXERCICES PROPOSÉS :

- *La vidange :* Faites 20 minutes d'écriture rapide en commençant chaque phrase par «Je pense...». Ne vous censurez pas. Faites l'exercice trois jours d'affilée, vous relisant seulement le troisième jour. Après votre lecture, écrivez vos réflexions et terminez avec un dessin spontané.

- *Ma tête :* Faites le contour de votre tête, prenant toute la feuille. Dessinez symboliquement et spontanément ce qu'il y a à l'intérieur de votre tête, en couleurs et en formes, mais aussi en mots. Quand vous sentez que c'est terminé, observez votre dessin et inscrivez vos réactions. Si désiré, suivant la technique du zoom inversé (page 92), redessinez votre tête, mais cette fois-ci intégrée à votre silhouette (technique page 102). Écrivez vos réactions.

- *Mes croyances :* Divisez votre page en deux. D'un côté, inscrivez toutes vos croyances négatives sur vous-même ou sur la vie. De l'autre, changez ces croyances en affirmations positives. Par exemple : «je n'arriverai jamais à rien» deviendra «je suis capable de réaliser mes buts», et «la vie c'est un jeu où je perds toujours» deviendra «la vie est pleine de possibilités». Utilisez vos affirmations dans la vie courante. Quand vous surprenez la pensée polluante, changez-la en affirmation positive. Ou encore, affichez-les bien en vue dans votre maison.

- *Peurs et désirs :* En deux colonnes, faites une liste de tous les désirs et toutes les peurs que vous avez. Inscrivez même ce qui vous semble insignifiant. Lorsque c'est terminé, encerclez ceux qui polluent le plus votre vie (oui, certains désirs sont polluants!). Ensuite, faites un dessin symbolique pour vous en défaire. Par exemple, dessinez un volcan qui les brûlera ou une poubelle qui les mangera. Vous pouvez aussi les écrire sur des petits bouts de papier et vous en défaire symboliquement.

B) Le théâtre quotidien

Le théâtre quotidien est différent des pensées ordinaires en ce qu'il prend la forme d'histoires et de scénarios. Par exemple, on rejoue sans cesse la scène de notre rupture en pensant à ce qu'on aurait dû faire, ou on invente la conversation qu'on aurait aimé avoir avec notre père avant qu'il meure. On peut aussi se faire des scénarios sur le futur, sur notre prochain amour ou sur ce qu'on fera le jour où on osera laisser ce boulot. Ces histoires viennent et reviennent sans cesse, dérobant notre présent et empoisonnant notre vie. Une grande partie de notre vitalité est sapée par ces scénarios et n'est pas disponible pour notre créativité. Le théâtre mental nous signale un travail à faire, que ce soit de vidanger de vieilles émotions ou de réévaluer notre relation à notre présent. Les exercices qui suivent visent à exposer nos scénarios et, je l'espère, à passer de l'autre côté.

EXERCICES PROPOSÉS:

- *Les cassettes :* Imaginez que vos histoires et scénarios sont comme des cassettes qui jouent périodiquement dans votre tête. Donnez à chaque cassette un titre et faites-en une liste. Quand vous avez terminé, choisissez-en une que vous allez décrire plus en détail. Racontez l'histoire comme vous vous la racontez dans votre tête. Quand vous avez terminé, relisez-la et écrivez s'il y a une action concrète qui pourrait vous libérer de cette histoire. Faites cette action.

- *Le cœur de l'histoire :* Choisissez un scénario que vous vous jouez sans cesse et faites 20 minutes d'écriture rapide en partant avec la question « Quel est le cœur de l'histoire ? ». Réinsérez cette question régulièrement dans l'écriture. Essayez de saisir ce qu'il y a en-dessous de votre scénario. Par exemple, Michelle a trouvé que derrière ses fantaisies de prince

Quelle fille détestable tu deviens lorsque tu cries ou t'affirmes agressivement.

Je me donne le droit d'être entièrement vraie avec toutes mes facettes.

Ne sois pas si égoïste. Occupe-toi des autres, sois responsable.

J'apprends enfin à prendre du temps pour moi. C'est essentiel et très positif.

Tu te satisfais facilement de piètres résultats dans ce que tu accomplis. Sois donc plus ambitieuse.

La réussite n'est pas l'unique réponse, du moins pour moi. Je choisis de prendre plaisir à ce que je fais.

Tu es incapable, ma chère, de passer à l'action.

Je refute ce message négatif puisque je sais agir au moment voulu. Je choisis de vivre et d'exprimer également mon côté contemplatif.

Cesse de dessiner, tu vois bien que tu n'as aucun talent

L'important, je pense, consiste à s'exprimer. Avec la pratique et le temps, j'y arriverai

Ton ignorance en politique fait de toi une bien piètre compagne en société

J'écoute, je m'intéresse, je pose des questions puisque je sais que mes forces sont ailleurs.

Exercice *Mes croyances*.

charmant il y avait la peur de s'affirmer avec son conjoint actuel. Relisez-vous, puis faites un dessin spontané et écrivez vos réflexions.

- *La « crotte sur le cœur » :* Prenez une situation qui fait partie de vos « cassettes » et qui n'est pas réglée, donc où vous avez une « crotte sur le cœur ». Écrivez une lettre à la personne ou à la situation avec qui vous voulez régler des comptes. Mettez-y toutes vos pensées et vos émotions, exprimez-vous sans censure. Quand c'est terminé, relisez-vous et écrivez vos réflexions.

- *Le drame :* Écrivez une histoire dramatique ou tragi-comique à partir d'un de vos scénarios. Ajoutez des détails fictifs, plongez-vous dans des dialogues ou de longues descriptions, amusez-vous. Quand vous avez terminé, écrivez vos réflexions.

C) Les obsessions

Lorsque les pensées deviennent de véritables obsessions qui semblent nous posséder et handicapent notre vie, le mental est gravement pollué. D'après le Petit Robert, une obsession est une « représentation, accompagnée d'états émotifs pénibles, qui tend à accaparer tout le champ de la conscience ». Les pensées obsessives se combinent aux émotions et nous submergent. Elles peuvent prendre plusieurs formes. Au niveau des désirs, nous allons nous évader compulsivement dans des rêveries ou dans les activités qui nous obsèdent (bouffe, sexe, etc.). Au niveau des peurs, nous aurons des phobies ou des problèmes spécifiques, comme l'obsession de la minceur (peur d'être grosse). Dans tous les cas, nous y croyons et nous sentons incapables d'arrêter la roue de tourner. Le mental est toujours pris par la même chose, nous empêchant de sentir la vie qui passe à côté de nous. Les exercices qui suivent s'appliquent autant aux obsessions graves que mineures.

EXERCICES PROPOSÉS :

- *Mon obsession :* Faites un dessin spontané de votre obsession. Quelles couleurs et quelles formes vous viennent quand vous y pensez ? Quels mots vous viennent en regardant votre dessin ? Écrivez-les. Puis donnez

MES CASSETTES

- JE QUITTE MA JOB
- COMMENT ME FAIRE PLAISIR
- J'APPRENDS LA GUITARE
- JE DEVIENS COOL / AUTOSUFFISANCE AU FOND D'UN RANG
- SI J'ÉTAIS RICHE ...
- LES HISTOIRES DE FAMILLE
- MES LISTES   - LA JOB
            - LES RÉNOVATIONS

J'APPRENDS LA GUITARE ! ENFIN FAIRE QUELQUE CHOSE JUSTE POUR MOI, SOIGNER, DÉVELOPPER MON CÔTÉ ARTISTE. POUR ÇA, IL VA FALLOIR QUE JE TROUVE 20 MINUTES PAR JOUR POUR PRATIQUER, ET J'AI DU MAL À PRENDRE 5 MIN. POUR MOI, C'EST AUSSI QUE, COMMENCER QUELQUE CHOSE DE NOUVEAU COMME ÇA, ÇA VEUT DIRE LA FRUSTRATION D'ÊTRE PAS BON, MES DOIGTS QUI NE SUIVENT PAS, LA RIGIDITÉ DE MES 40 ANS. ÇA VEUT DIRE EXIGER CE TEMPS FACE À LA FAMILLE, NE PAS TOUJOURS ÊTRE DISPONIBLE... ET LES PETITES CRISES QUI S'ENSUIVRONT POSSIBLEMENT. ET PEUT-ÊTRE EN FAIRE UN PEU MOINS AU TRAVAIL OÙ J'EN FAIS TOUJOURS PLUS QUE MOINS, LÂCHER UN PEU LE MISSIONNAIRE MAL ASSURÉ, PAS SÛR DE LUI. AFFIRMER QUE J'EN FAIS ASSEZ, MON DROIT DE DIRE NON AUX AUTRES POUR ME DIRE OUI À MOI, PARCE QUE JE SAIS QUE C'EST UN DÉFI PERSONNEL ET QUE, POUR LES AUTRES AUTOUR, MON TRAVAIL, LA FAMILLE, SURTOUT, JE DOIS PRENDRE SOIN DE MON BONHEUR POUR QU'IL PUISSE REJAILLIR...

Exercice *Les cassettes.*

un titre à votre dessin et engagez un dialogue avec l'image (voir technique page 108).

- *« Tout cela a commencé quand... »* : Écrivez une lettre fictive à quelqu'un qui vous inspire et racontez-lui votre problème en commençant par la phrase «Cher..., tout cela a commencé quand...». Écrivez rapidement, sans trop réfléchir. Essayez de voir si vous pouvez aller à la racine de votre problème. Quand vous avez terminé, relisez-vous et écrivez ce que vous imaginez que votre correspondant vous répondrait.

- *Dans le corps :* Dessinez une silhouette (technique page 102) et faites-la assez grande, qu'elle occupe presque toute la page. À l'intérieur de la tête, illustrez votre obsession, ainsi que les autres choses qui occupent vos pensées. Combien d'espace prend votre obsession en comparaison avec le reste ? Que se passe-t-il dans le reste de votre corps quand vous pensez à ce qui vous obsède ? Dessinez le reste du corps. Que remarquez-vous ? Écrivez vos réflexions. Si désiré, redessinez votre silhouette mais en illustrant ce que vous aimeriez contenir (technique de l'art positif, page 96).

- *Le personnage :* Créez un personnage à partir de votre obsession. Caricaturez-le, mettez des détails. Dessinez-le, donnez-lui un nom, décrivez-le à la troisième personne : «Il (ou elle) est...». Vous pouvez aussi écrire sa vie sous forme d'histoire, ou encore écrire un dialogue imaginaire entre vous et lui/elle.

LE PHYSIQUE

Le corps c'est notre maison, c'est la matière dont nous sommes faits. Ce corps a des caractéristiques : nous sommes homme ou femme, grand ou petit, de telle ou telle couleur, yeux comme ceci, nez comme cela. Dans sa vie humaine, le corps passera par toute une série d'étapes, incluant ou non des accidents de parcours, jusqu'à retourner à la terre au bout de son voyage. Tout ce parcours ne nous laisse pas indifférents. Nous avons un rapport à notre corps : autant dans notre façon de voir notre état de santé et notre image, que dans la façon dont on le traite et dont on écoute ses messages. Quand nous habitons vraiment notre corps, nous sentons

Exercice *Mon obsession* (modifié) – la participante a fait un collage au lieu d'un dessin spontané. Son collage représente son obsession face à la nourriture (elle a eu des problèmes d'anorexie) – elle pense aux assiettes de restaurant en se couchant le soir.

davantage nos intuitions et tous les petits signaux qu'il nous envoie. Le corps sait beaucoup de choses, mais nous tendons à négliger cette source de messages et à vivre davantage dans notre tête, souvent jusqu'au point où le corps envoie un ultime signal d'alarme sous la forme d'une maladie ou d'un *burnout*, par exemple. Sentir et écouter davantage son corps peut être perturbant, mais ne pas le faire peut coûter cher.

Le journal est un outil pour nous assister dans notre rapport au monde du corps physique. Par exemple, nous prêterons attention à ce qui se passe dans notre corps et nous travaillerons à partir de ces sensations. Nous questionnerons les zones de tension et de maladie. Nous nous interrogerons sur notre relation à notre corps. La section qui suit est riche d'exercices visant à nous aider à habiter et comprendre notre corps afin de goûter davantage à la vie.

A) Les douleurs, blessures et maladies

C'est quand notre santé défaille que nous avons le plus tendance à nous pencher sur l'état de notre corps. Une douleur chronique ou une maladie va atti-rer notre attention et nous forcer à prendre soin de nous, physiquement et parfois psychologiquement. Nous sommes obligés de nous arrêter pour nous reposer, et c'est parfois un bon moment pour faire le point ou le ménage en nous. Que nous soyons aux prises avec une grippe, une tendinite ou un cancer, le journal peut nous aider à comprendre les messages envoyés par le corps et il peut aussi par-ticiper à stimuler la santé. Dans le cas de maladies graves, la section sur les crises (page 142) peut aussi être pertinente.

EXERCICES PROPOSÉS:

- *Mon corps me dit:* Asseyez-vous confortablement et fermez les yeux. Prenez plusieurs grandes respirations, permettez-vous de descendre dans votre corps, et portez votre attention sur vos sensations corporelles. Qu'est-ce qui se passe en vous en ce moment? Quelles couleurs, quelles formes vous viennent? Ouvrez les yeux, laissez-vous guider vers des couleurs et mettez ça sur le papier. Puis écrivez 20 minutes en com-mençant par «Mon corps me dit...».

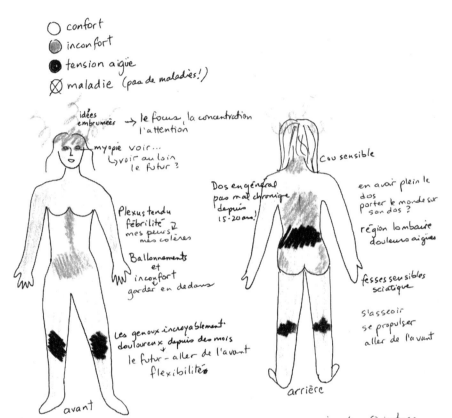

○ confort
◐ inconfort
● tension aiguë
⊗ maladie (pas de maladies!)

idées embrumées → le focus, la concentration l'attention

myopie voir...
↳voir au loin
le futur ?

Plexus tendu
fébrilité ⊠
mes peurs
mes colères

Ballonnements
et
inconfort
garder en dedans

Les genoux incroyablement
douloureux depuis des mois
le futur - aller de l'avant
flexibilité⊠

avant

Cou sensible

Dos en général
pas mal chronique
depuis
(15-20 ans)

en avoir plein le
dos
porter le monde sur
son dos ?

région lombaire
douleurs aiguës

fesses sensibles
sciatique

s'asseoir
se propulser
aller de l'avant

arrière

Réflexions : Les genoux et le bas du dos prédominent. Qu'est-ce qui se passe? Trop en prendre, avoir peur du futur, être rigide. Absorber les tensions. Ce n'est pas fluide, l'énergie ne coule pas. Puis il y a la tête et les yeux - du brouillard - des étourdissements - l'énergie n'est pas claire et nette, elle est obscurcie. Je manque de focus. Je suis obscurci par mes émotions et mes tensions prises en dedans.

Exercice *La silhouette.*

- *La silhouette:* Dessinez 2 silhouettes, une représentant l'avant du corps, et l'autre, l'arrière. Choisissez 4 couleurs différentes pour représenter les aspects suivants: confort, inconfort, tension aiguë, maladie. Coloriez vos silhouettes selon ces 4 types de sensation. Ajoutez tous les mots et expressions qui vous viennent en regardant votre dessin, puis écrivez vos réflexions. Poursuivez avec l'exercice suivant, si désiré.

- *Sous la loupe:* Soit à partir de l'exercice précédent, soit directement à partir d'un malaise que vous avez, dessinez en gros plan la région de votre malaise, comme si vous mettiez votre bobo sous la loupe (si vous avez fait la silhouette, faites un zoom d'un bobo choisi). Indiquez par des couleurs, des formes et des mots le détail des sensations de cette partie. Quand vous avez terminé, faites un dialogue avec cette partie de votre corps. Poursuivez avec l'exercice suivant, si désiré.

- *La santé radieuse:* Dessinez la partie de votre corps qui est affectée par des tensions ou une maladie en état de parfaite santé, de guérison. Vous pouvez aussi choisir de dessiner votre corps entier en état de santé rayonnante, ou encore représenter des cellules saines affrontant les cellules malades. Le dessin n'a pas besoin d'être réaliste ou fidèle à la réalité!! Représentez la santé de façon symbolique, avec des couleurs qui vous suggèrent la guérison. Écrivez des mots autour de votre dessin et affichez-le bien en vue ou laissez votre cahier ouvert à cette page pendant quelques jours. Que cette image vous habite.

B) Le stress

Il y a le bon stress qui nous stimule et le mauvais stress qui affecte notre sommeil et notre santé, nous met sous tension et engendre de multiples problèmes. On dit que beaucoup de maladies sont liées au stress, mais aussi des problèmes tels l'épuisement ou le *burnout*, l'insomnie, les tensions corporelles chroniques, les dépendances, etc. Si on sait que certains stress sont inévitables (les deuils, par exemple), une très grande partie de ce qui nous mine pourrait être vécu autrement. En effet, notre attitude, nos habitudes, notre perception de la vie et nos dynamiques intérieures sont autant de facteurs influençant notre degré de

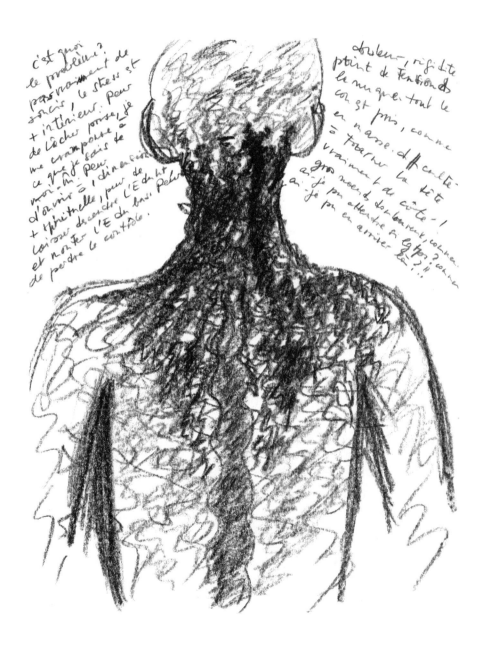

Exercice *Mon stress*.

stress. Comme nous avons un certain contrôle sur ces facteurs, nous pouvons arriver à réduire nos malaises en travaillant à ce niveau-là. Les exercices suivants sont conçus pour favoriser ce travail intérieur.

EXERCICES PROPOSÉS :

- *Mon stress :* Faites un dessin spontané de votre stress. De quoi a-t-il l'air ? Est-ce comme un nœud dans le ventre, une boule dans la gorge, une pelote de laine emmêlée ?? Allez-y spontanément, utilisez les couleurs et les formes qui vous parlent, puis écrivez autour de votre dessin tous les mots qui vous viennent à l'esprit. Puis, inscrivez vos réflexions.

- *Monsieur Tendu / madame Crispée :* Imaginez que votre stress est un personnage. Il mène votre vie et vous souffle à l'oreille des phrases du genre : « Il y a ceci et cela à faire... »; « tu n'y arriveras jamais... »; etc. De quoi a l'air ce personnage ? Quels sont les mots qu'il vous dit ? Comment s'appelle-t-il ? Dessinez-le et entourez-le des phrases qu'il vous dit. Écrivez-lui une lettre.

- *La liste :* Divisez votre page en deux. D'un côté, faites la liste de tout ce qui vous stresse. De l'autre, énumérez tout ce qui vous calme. Quand vous avez terminé, encerclez les items stressants que vous allez éliminer de votre vie (au moins pour une semaine) et les items calmants que vous allez réaliser cette semaine. Faites-le.

- *L'art qui apaise :* Utilisez l'art pour vous centrer et vous calmer. Dessinez pour le plaisir. Laissez vos préoccupations derrière vous, ouvrez votre cahier sur une page vierge et mettez les couleurs et les formes qui vous apaisent, vous font du bien. Faites jouer une musique plaisante si cela vous chante.

C) Les dépendances

Nos chères dépendances... il y en a des légères – trop de café ou de chocolat – et il y en a des graves – toxicomanies variées. Bien qu'elles soient liées au corps, elles sont grandement influencées par nos émotions, nos blessures, par les

Exercice *Ma dépendance*, première partie.

modèles qu'on a reçus. Elles peuvent faire l'objet d'un long travail sur soi et il peut parfois être utile ou nécessaire de se faire accompagner durant le processus. Les dépendances sont d'abord des mécanismes de survie, une façon de s'engourdir les sens quand la réalité est trop difficile à supporter, puis elles deviennent un cercle vicieux: «Je bois parce que j'ai honte, honte de boire»... Je vous offre ici quelques pistes de travail.

EXERCICES PROPOSÉS:

- *«Je ne veux pas sentir...»:* Faites 20 minutes d'écriture rapide pendant trois jours en partant avec les mots «Je ne veux pas sentir...». Réinsérez cette phrase régulièrement dans l'écriture. Essayez de saisir ce que vous voulez engourdir. Si cette phrase ne vous inspire pas, essayez: «Je bois (ou fume ou...) parce que...». Incluez tout, écrivez vite. Relisez-vous à la fin des trois jours et écrivez vos réflexions.

- *Ma dépendance:* De quoi a l'air votre dépendance? Un boulet? Une bouée de sauvetage? Une plante carnivore? Un ogre? Quelles images et quels mots vous viennent quand vous y pensez? Faites un dessin spontané et inscrivez les mots que vous associez à votre dessin. Faites ensuite un dialogue avec l'image (technique page 108). Demandez à votre dépendance en quoi elle vous sert, ce qu'elle a à vous apprendre, ce que vous pourriez faire pour vous en dégager, etc.

- *Besoins:* À quels besoins répond votre dépendance? Besoin de réconfort, d'amour, d'évasion? Écrivez sur ce sujet pendant 20 minutes. Ensuite, faites une liste des autres moyens que vous pourriez prendre pour répondre à ce même besoin. Inscrivez des choses simples telles que prendre un bain, allumer une chandelle, appeler une amie, aller regarder les étoiles, etc. Si vous désirez, vous pouvez inscrire ces petites actions sur des petits papiers, les mettre dans une jolie petite boîte et en tirer un au besoin.

- *Lettre d'amour:* À l'inverse des autres exercices avec personnage, imaginez qu'en vous habite un homme ou une femme qui n'a pas de dépendance. C'est un personnage qui représente votre force et votre sagesse. Il sait tout de vous, a tout vu, connaît vos blessures, vos excuses, vos motivations profondes. Il ne vous juge pas, il vous aime sans condition. Comment est-il? Est-ce un homme ou une femme? Que vous dit-il? Dessinez-le, décrivez-le, puis laissez-le vous écrire une lettre. Que ce soit la plus belle lettre d'amour que vous ayez jamais reçue. Allez-y. Relisez votre lettre aussi souvent que vous en avez besoin, à voix haute si possible. Il se peut que vous ne croyiez pas vos mots, parfois c'est difficile de croire à l'amour, surtout quand on en a peu ou pas reçu. Si c'est votre cas, inscrivez vos réactions et travaillez à partir de ça aussi.

D) L'image corporelle

Notre culture aime la jeunesse et la minceur; ce n'est pas un secret. Un idéal est projeté par les médias et l'on se mesure à celui-ci. Il varie avec les modes et est souvent inatteignable, parce qu'il est basé sur des illusions et trucages de toutes sortes. Les femmes sont davantage affectées par cette obsession, quoiqu'elle semble gagner du terrain chez les hommes. Beaucoup de problèmes sociaux, notamment les désordres de l'alimentation, sont nés de cet idéal de beauté. Une énergie phénoménale est gaspillée dans l'énorme marché de la minceur et de la beauté, énergie qui pourrait être investie ailleurs, notamment à créer notre vie ou à mettre en oeuvre des changements sociaux. Prendre soin de soi et de sa santé n'est pas un problème, c'est le côté obsessif lié à l'image corporelle et au paraître qui sape l'énergie vitale et la créativité. Les exercices suivants, ainsi que ceux qui figurent dans la section sur les obsessions (page 168), visent à faire prendre conscience de notre rapport à notre image et de la façon dont cela affecte notre vie.

EXERCICES PROPOSÉS:

- *La mosaïque:* Dessinez une petite silhouette au centre de la page et choisissez 3 couleurs différentes pour représenter les aspects suivants: j'aime; je n'aime pas; neutre. Coloriez votre silhouette selon ces 3 types de perception de votre image corporelle, et à la fin vous aurez un genre de mosaïque de votre rapport à votre image. Méditez sur votre mosaïque puis écrivez vos réflexions autour d'elle, en spirale ou au crayon fou, en commençant avec la question : «Quels effets ces perceptions ont-elles sur ma vie?».

- *Partie du corps:* Choisissez une partie de votre corps que vous n'aimez pas beaucoup, que vous avez du mal à accepter. Imaginez que cette partie vous écrit une lettre qui commence par «Je suis ton (ventre, nez, etc.) et je veux te dire...».

- *Les vitamines:* Comme il est bon de bien se traiter physiquement, il est bon de se donner des vitamines pour l'image, par exemple de lire des textes qui parlent du corps de façon positive. Comme il n'y en a pas beaucoup, vous allez en créer un. Collez une photo de vous que vous aimez particulièrement, où vous rayonnez. Écrivez une ode à vous-même et à votre corps.

- *Collage sur le corps:* Dessinez le contour d'une grande silhouette puis découpez dans de vieux magazines des images et des mots qui reflètent votre réflexion sur l'image corporelle. Collez-les dans votre silhouette et écrivez vos réflexions. Utilisez un grand papier si désiré.

E) Limitations physiques

Selon que vous ayez une limitation physique temporaire ou permanente, soudaine ou graduelle, de naissance ou suite à un accident ou une maladie, ou encore une limitation liée au vieillissement, les défis seront bien différents. Par contre, ce qu'il y a de commun à toutes ces situations, c'est qu'il y a limitation, donc une capacité réduite à faire certaines choses par rapport à la moyenne des gens. Cette limitation entraîne la plupart du temps un travail de deuil. La personne doit faire le deuil de la capacité qu'elle avait et qu'elle a perdue ou de celle qu'elle n'a jamais eue mais qu'elle aimerait parfois avoir. Ces limites engendrent de nombreux efforts d'adaptation qui sont parfois liés aux tâches à accomplir ou aux émotions que ces limitations occasionnent. Elles peuvent également être associées aux barrières sociales ou aux réactions de l'entourage. Il y a donc des difficultés reliées à soi: accepter ses limites, faire son deuil, s'adapter à ses capacités, etc.; et d'autres venant de l'extérieur: réactions, barrières architecturales, etc. Voici quelques pistes de travail.

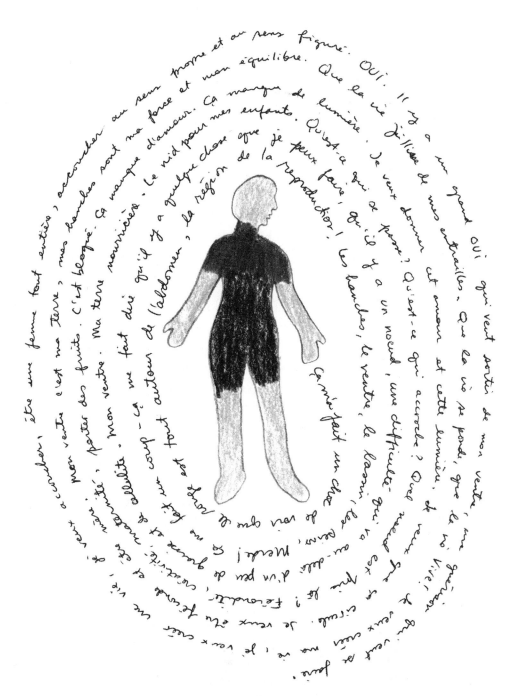

Exercice *La mosaïque.*

EXERCICES PROPOSÉS :

- *« Mon Dieu » :* Écrivez une lettre à Dieu ou à votre Créateur, ou encore à la Vie. Déversez tout ce que contient votre cœur. Posez-lui tous les pourquoi, criez à l'injustice, exprimez votre tristesse, votre colère, tout ce qui vous habite. Parlez-lui de ce que vous avez vécu à cause de votre limitation et aussi de ce que vous avez appris. Ne vous limitez pas. Il /Elle peut en prendre.

- *Qu'as-tu à m'apprendre ? :* Faites un dessin spontané de vos émotions et/ou pensées liées à votre limitation. Écrivez tous les mots qui vous viennent autour de votre dessin. Quand vous avez terminé, écrivez la question « Qu'as-tu à m'apprendre ? » en haut de la page suivante et tentez d'imaginer ce que répondrait votre dessin. Écrivez ce qui vous vient.

- *Liste des possibles :* Faites une liste d'au moins 50 items de tout ce que vous pouvez *faire* et de tout ce que vous pouvez *être* aussi. Listez toutes vos forces, vos qualités, vos réussites. Quand vous avez terminé, relisez votre liste puis faites un dessin qui exprime symboliquement toutes ces possibilités. Par exemple, vous pourriez dessiner un arbre fort malgré sa branche cassée ou un feu d'artifice aux couleurs particulières, allez-y spontanément. Écrivez vos réflexions.

- *Dire au revoir :* *Si vous vous sentez prêt,* faites un rituel d'au revoir pour la personne que vous étiez ou la capacité que vous n'avez pas ou plus. Par exemple, vous pourriez faire un dessin ou créer un objet qui symboliserait ce que vous avez perdu, pour ensuite en disposer de façon significative. Écrivez vos réflexions dans le journal.

F) La mort

Peut-être que l'heure du grand départ a sonné et que vous avez du temps pour vous préparer, peut-être que vous vieillissez et que vous y pensez davantage ; peut-être que quelqu'un près de vous y fait face et que cela vous bouleverse ; ou peut-être simplement que vous vous posez des questions à ce sujet. D'une façon ou d'une autre, la mort physique ne laisse personne indifférent et pour la plupart

SAMSON CHEVEUX, PERDU SA FORCE VITALE !

LA LIMITATION PREND TOUTE LA PLACE

T'AS L'AIR COOL MOI ÇA ME BLOQUE !

RHAAAGH !

J'AI PERDU CONTACT AVEC LE PLAISIR

ÇA ME RÉVOLTE !

POURSUIVRE POUR PERTE DE JOUISSANCE !

"NEZ BOUCHÉ" S'EMPARE DE MES SENS

BOUFFER SANS SENTIR, C'EST COMME VIVRE À MOITIÉ, COMME REGARDER LA TV AU LIEU DE VIVRE PLEINEMENT MOI-MÊME, COMME SI J'AVAIS PAS LE DROIT DE PROFITER DE LA VIE !

Qu'as-tu à m'apprendre ?

• Bizarre ton air bougon et le bonhomme qui danse. Comme si tu essayais d'avoir l'air heureux de prime abord même quand tu l'es pas... y avais-tu pensé ? Sentir, ça veut aussi dire sentir les émotions "dégueu" comme la rage, la colère, la peur, la peur de l'abandon, etc. Ça veut dire exprimer tout ça, même si c'est moins bon garçon, moins correct... Si tu commençais par exprimer un peu plus ta rage, celle de ne pas sentir. Les deux bonhommes n'en sont qu'un en fait ! Allez, t'as la solution pour t'aider à améliorer ton mal physique. Ça commence ici, puis en famille, puis au travail...
     TU MÉRITES DE VIVRE VRAIMENT !

Exercice *Qu'as-tu à m'apprendre?* fait par un homme souffrant d'anosmie (privation de l'odorat) de façon chronique.

d'entre nous c'est un sujet difficile. Quand on s'en approche, la pression à l'intérieur de soi est à son maximum. C'est le deuil ultime, le deuil de sa vie et de tous les projets et les rêves qu'on n'a pas eu le temps de réaliser, de toutes les situations qu'on laisse inachevées, des vieilles blessures qu'on n'a jamais guéries. Les émotions nous submergent: l'angoisse, les peurs, les colères et les peines. Des livres entiers sont consacrés à ce sujet, et les exercices simples que je vous propose ne prétendent pas faire le tour de la question. Ils sont conçus en premier lieu pour la personne qui approche la mort, mais ils peuvent bénéficier à toute personne qui fait le point sur sa vie ou qui passe par une mort symbolique. Il est aussi possible de faire les 2 premiers exercices de la section «limitations physiques» en substituant l'idée de la mort à celle de la limitation.

EXERCICES PROPOSÉS:

- *Réflexions:* Quelles sont vos croyances face à la mort? À «l'après-vie»? Quelles sont vos émotions et vos pensées à cette phase-ci de votre vie? Écrivez 3 pages d'écriture rapide à la troisième personne (il/elle) et terminez avec un dessin spontané. Relisez-vous et écrivez vos réflexions.

- *L'important:* Vous arrivez à la fin de votre vie, ou vous imaginez que vous y êtes arrivé. Qu'est-ce qui est important? Qu'est-ce qui est *vraiment* important de faire, de dire, de régler...? Qu'est-ce que vous allez regretter si vous ne le faites pas? Faites 3 pages d'écriture rapide sur le sujet, relisez-vous puis dressez une liste de toutes les actions que vous considérez essentielles. Faites une étoile à côté de ce que vous allez faire cette semaine.

- *Peurs et désirs:* Divisez votre page en trois et, dans la première colonne, faites la liste de toutes vos peurs en ce qui a trait à la mort. Comme derrière chaque peur il y a un désir, inscrivez vis-à-vis chacune de vos peurs le désir correspondant (ex: vis-à-vis la peur de partir sans avoir réglé la situation X, inscrire le désir de régler cette situation). Dans la troisième colonne, identifiez l'action concrète nécessaire à la réalisation de chacun des désirs. Relisez votre liste et écrivez vos réflexions.

J'ai 64 ans et pourtant je pense peu à la mort m'imaginant qu'avec mon hérédité, j'en ai encore pour au moins vingt ans.

Est-ce un mécanisme de défense, la peur d'envisager cette dernière étape, le refus de penser que j'y arriverai bien moi aussi un jour?

Saurais-je, lorsque ce sera mon tour, lâcher prise avec sagesse, dignité, sérénité? Je n'en suis pas certaine parce que je sais trop comment j'ai développé une capacité incroyable pour me faire croire plein de choses lorsque je serai à la veille de mourir que voudrais-je faire, dire, régler? Je voudrais avoir appris à m'accueillir avec toutes mes ombres et lumières. J'y travaille! Je voudrais pouvoir lâcher prise avec grâce, avec bonheur même afin que ma mort soit, pour ceux qui m'entourent source de questionnement, de croissance. Je voudrais parler ou écrire à mon conjoint, mes enfants et petits-enfants ainsi qu'à mes parents et amis les plus chers pour leur dire merci de ce qu'il ou elle m'a apporté de petites et grandes joies, de remises en question, d'occasions de croissance, etc. Je voudrais savoir exprimer tout l'amour que je porte à chacun en espérant que mes paroles soient un baume qui les porte à travers les difficultés de leur vie. Je leur demanderais pardon pour les erreurs et les omissions qui ont pu nuire à leur croissance. Je voudrais que tout soit au point côté testament, funérailles, etc.

Actions essentielles:
- Chaque jour apprendre à lâcher prise un peu plus
- "   " m'exercer à m'accueillir intégralement pour savoir comment accueillir l'autre
- Dans les missives ou cartes d'anniversaire, dire mon affection, mon amour, ma reconnaissance aux personnes chères

Exercice *L'important* (modifié): réflexion sur la mort par une femme de 64 ans.

- ***Les 7 mandalas :*** Chaque matin durant 7 jours, dessinez un mandala dans votre journal, accompagné de mots si vous le désirez. À la fin de la semaine, prenez le temps de bien regarder vos 7 mandalas, puis faites 20 minutes d'écriture rapide à partir de cette inspiration.

L'ÉMOTIF

Les émotions sont des réponses naturelles à ce qui se passe en nous et autour de nous. Par exemple, quand on rencontre un danger, *la peur* nous signale qu'on doit faire attention ou se sauver. Une émotion est une énergie qui surgit de nous et gagne à être exprimée, à circuler librement. Si les émotions étaient relâchées à mesure, la plupart de temps elles passeraient sans laisser de traces. Les petits enfants expriment leurs émotions à mesure, mais très vite ils apprennent à les retenir. En général elles vont s'accumuler et sortir un peu plus tard, quand il y a de la place pour ça. Qui n'a pas vu un enfant se montrer très sage à l'école toute la journée et se déchaîner rendu à la maison ? C'est qu'il se sent en sécurité chez lui pour relâcher la pression accumulée en société.

En effet, il y a des normes en société, même pour les enfants. Il y a des émotions considérées acceptables dans certaines circonstances et non dans d'autres, et des émotions considérées carrément inacceptables. Par exemple, on imagine mal un adulte se mettre à hurler et à pleurer parce que le service est lent au restaurant et qu'il a faim. Pour certains, il est mal vu qu'une femme se mette en colère ou qu'un homme pleure. Sans soupape, certaines émotions n'auront jamais la chance de s'exprimer et elles macéreront à l'intérieur. Ces émotions qu'on refoule, si elles ne sont jamais relâchées ou transformées, deviennent des forces inconscientes qui empoisonnent notre vie. Des émotions fortes sont alors déclenchées par des événements anodins ou encore elles s'expriment dans des dynamiques malsaines ou de façon détournée. Le travail sur les émotions est donc d'une importance capitale pour s'assurer que notre vitalité ne soit pas polluée par une énergie émotionnelle tordue.

Comme on a déjà vu les états émotifs difficiles, cette section traitera des émotions de tous les jours ainsi que de certains aspects particuliers du monde émotionnel.

A) Les émotions de tous les jours

Les émotions de tous les jours vont et viennent, comme les vagues de la mer. L'idéal est de sentir ces hauts et ces bas, de les vivre du mieux qu'on peut, tout en restant en contact avec nos profondeurs pour garder un équilibre. Cependant, la vie est ainsi faite qu'il est rare que l'on puisse sentir et vivre simplement nos émotions. Il arrive qu'on ne se permette pas d'exprimer certains sentis ou qu'on se rende compte seulement après coup que quelque chose nous a affecté. Il arrive aussi qu'on ne sente carrément pas certains types d'émotions, que l'accès à celles-ci soit complètement bloqué. Et bien entendu, il arrive aussi qu'on explose dans un puissant raz-de-marée, déversant tout ce qui s'est accumulé depuis des lunes. Tout ça est normal. Le travail avec les émotions est infiniment riche et important. Que ce soit pour déverser le trop-plein, pour exprimer graphiquement une émotion ou l'explorer en profondeur, ou encore pour retrouver la voie d'accès à nos sentis, le journal est un bon allié. En général, après l'expression écrite ou graphique d'une émotion, on gagne à observer ce qu'on a produit et à noter nos réflexions. Il se peut que ce simple travail initial ait suffi pour transformer une émotion, mais il se peut aussi que d'autres étapes soient nécessaires.

EXERCICES PROPOSÉS :

- *« Je me sens... » :* Faites 3 pages ou 20 minutes d'écriture rapide, commençant chaque phrase par « Je me sens... ». Écrivez vite, incluez tout. Relisez-vous puis faites un dessin spontané. Écrivez vos réflexions.

- *Émotions courantes :* Faites la liste de toutes les émotions que vous sentez ces temps-ci. Quand vous avez terminé, choisissez-en une et illustrez-la sur une page complète. Sur la page suivante, faites parler votre émotion en commençant par : « Je suis ta... (colère, peine...) et je veux te dire... ». Terminez avec vos réflexions.

- *« Mon cœur me dit » :* Asseyez-vous confortablement et fermez les yeux. Prenez plusieurs grandes respirations, permettez-vous de descendre dans votre corps, et portez votre attention au niveau du cœur, sur vos émotions. Qu'est-ce qui se passe en vous en ce moment ? Quelles couleurs, quelles formes vous viennent ? Ouvrez les yeux, dessinez un gros cœur sur votre page et remplissez-le des couleurs qui expriment ce que vous sentez. Écrivez ensuite 20 minutes en commençant par « Mon cœur me dit... » (voir illustration couleur, pages centrales).

- *En dessous de l'émotion :* Divisez votre page en deux dans le sens horizontal. Au-dessus, représentez graphiquement l'émotion que vous voulez travailler et écrivez tous les mots et phrases qui vous viennent. Ensuite, prenez un temps d'arrêt pour imaginer ce qu'il peut y avoir en dessous de votre émotion, à un niveau plus profond. Cela peut être une autre émotion, une sensation, une croyance, une peur, etc. Dans l'espace du dessous, écrivez ce qui vous vient en commençant par « en dessous de... il y a... ».

B) Les blessures émotionnelles

Les blessures émotionnelles qui ne sont pas guéries deviennent des forces inconscientes qui affectent profondément notre présent. Elles nous hantent et polluent notre vitalité, elles nous appellent pour que nous nous penchions sur elles afin de les guérir. Quand je parle de blessures émotionnelles, je parle des grandes blessures du passé comme l'inceste ou les abus et trahisons de toutes sortes, mais aussi des blessures circonstancielles tels une rupture difficile ou un affront qu'on ne digère pas. Comme pour une plaie physique, le travail de guérison sera plus ou moins long selon le degré d'infection et selon les soins apportés. Je propose ici quelques exercices généraux, mais vous pouvez aussi vous référer à la section sur les états émotifs difficiles en page 150. Notez que quand il s'agit d'une blessure du passé, le travail sur l'enfant en soi est très profitable. Pour approfondir cette question, consultez le livre *Faites vivre votre enfant intérieur* (voir bibliographie).

EXERCICES PROPOSÉS :

- *Ma blessure :* De quoi a l'air ma blessure ? Est-ce un cœur brisé, une plaie ouverte, un arbre déraciné ? Faites un dessin spontané en tentant de rendre visible votre blessure émotionnelle par les couleurs et les formes.

A: Qu'est-ce qui se passe, petite fille?
E: Il y a de la pression sur moi et ça me fait éclater par en dedans.
A: De quoi est faite cette pression?
E: Des attentes des autres, des désirs brûlants qui ne se réalisent pas.
A: Quels sont tes désirs brûlants?
E: Être gigantesque, être vivante à chaque minute, ne pas devenir un adulte constipé et plate.
A: Qu'attendent les autres de toi?
E: Que je sois à leur goût, que je sois toujours gentille, que je les sauve.
A: Que vas-tu faire?
E: Me sauver au bout du monde. Tout est si compliqué pour les grands.
A: Moi j'aimerais que tu sois bien n'importe où. N'y a-t-il pas moyen d'être vivant sans toujours partir au bout du monde? Qu'est-ce qu'on peut faire d'autre?
E: Exprimer la colère millénaire (...)

Émotions courantes, 2ᵉ partie (modifié): dessin spontané d'une irritation intense qui s'est exprimée par une image de petite fille en colère. Au lieu de faire parler l'émotion, la personne a écrit un long dialogue entre l'adulte et l'enfant, dont un extrait résumé figure ici.

Maintenant, entrez en dialogue avec elle. Quand s'est-elle formée ? De quoi a-t-elle besoin ? Ne vous limitez pas, écrivez rapidement.

- *L'enfant blessé :* Avec votre main non-dominante, dessinez l'enfant blessé qui habite en vous. Ensuite, entrez en dialogue avec lui ou elle, en utilisant votre main habituelle pour la voix de l'adulte et l'autre main pour l'enfant. Demandez-lui comment il se sent, de quoi il a besoin, ce que vous pouvez faire pour l'aider à guérir, etc. Assurez-vous de lui donner un peu de ce qu'il demande durant la semaine ou faites l'exercice *Lieu de guérison*.

- *Vider son cœur, nourrir son cœur :* Exercice en deux étapes, sur deux pages. D'abord, videz votre cœur. Quelles sont les émotions, pensées et sensations par rapport à votre blessure qui vous habitent toujours et polluent votre vie ? Par écrit ou en dessin, videz vraiment votre cœur, ne vous censurez pas, incluez tout. Puis allez à la deuxième page et demandez-vous ce qui nourrit votre cœur, vous fait du bien, vous apaise. Quelles actions concrètes pourriez-vous faire pour vous protéger, vous nourrir, vous guérir ? Faites-en la liste et illustrez si désiré. Entourez une ou deux actions que vous allez faire cette semaine.

- *Lieu de guérison :* Dessinez un endroit de guérison ou de ressourcement. Si désiré, vous pouvez y inclure votre enfant blessé ou votre blessure, selon la technique du zoom inversé (page 92). Créez cet endroit à votre goût, cela peut être autant l'intérieur d'une fleur qu'une grotte ou les bras d'un ange, ou encore juste des couleurs apaisantes...

C) L'hyperémotivité : je sens tout

Être hyperémotif ou hypersensible c'est tout sentir et être toujours dans le monde émotif. Il y a un déséquilibre. La vie émotive prend toute la place. Nous sommes toujours à fleur de peau, la moindre remarque nous met dans tous nos états, nous sommes comme un bouchon de liège ballotté sur la mer, à la merci de chaque vague. Nous nous identifions aux émotions qui passent et nous n'arrivons pas à sentir les profondeurs de la mer. Nous sommes souvent en « réaction », c'est-à-dire que n'importe quoi déclenche en nous une réaction émotive, l'émotion semblant parfois venir d'ailleurs, étant plus forte que la situation présente. Cela

S: Ça me fait mal de regarder mon dessin... un trou noir! Je le porte
   encore, malgré tout le chemin parcouru... que puis-je pour toi,
   mon grand trou noir?
TN (trou noir): Prends-moi sur ton cœur chaque fois que tu me sens.
S: Pourquoi n'es-tu pas encore guéri?
TN:J'ai des racines profondes. J'ai grandi en toi alors que tu étais
   toute petite. Tu as absorbé une noirceur qui n'était pas tienne.
   Tu as pensé que c'était toi la cause du mal des autres.
S: Je sais déjà tout ça, mais on dirait que de le savoir n'est pas
   suffisant pour te soulager!
TN:Savoir est une étape, ensuite il faut défaire l'empreinte, et cela
   prend du temps et surtout il faut sans cesse répéter. Tu ne dois pas
   t'attendre à une guérison instantanée parce que tu as compris d'où
   je viens. Mille fois tu devras me reprendre sur ton cœur et me rassurer sur mon droit d'être et de grandir. Plutôt un million de fois.
S: C'est décourageant.
TN:Pas quand tu ne t'identifies pas à moi. Je suis en toi mais je ne
   suis pas toi. Alors quand tu me sens, entoure-moi de tout ce que
   tu as de plus beau et de plus aimant.

Exercice *Ma blessure*, avec dialogue (extrait). La personne a ensuite fait un zoom inversé et a
créé une image de guérison.

peut être très épuisant, et certainement polluant pour la vitalité. Il y a des enfants très sensibles de nature, blessés plus facilement que les autres, mais qui développent en grandissant leur solidité intérieure. Leur sensibilité n'est alors pas un problème. Mais une personne qui ne développe pas cette solidité intérieure adopte souvent l'une des deux attitudes suivantes : ou elle se blinde contre toute émotion et ne sent rien, ou elle sent tout et affiche une grande fragilité émotionnelle. Les exercices suivants visent une exploration de cette question.

EXERCICES PROPOSÉS :

- *« Je sens tout parce que... »* : Faites 20 minutes d'écriture rapide pendant trois jours en partant avec les mots « Je sens tout parce que... ». Réinsérez cette phrase régulièrement dans l'écriture. Essayez de saisir le pourquoi de votre agitation émotive ainsi que le moment où elle a commencé. Incluez tout, écrivez vite. Relisez-vous à la fin des trois jours et écrivez vos réflexions.

- *Le personnage :* Créez un personnage haut en couleurs, qui réagit à tout et est toujours à fleur de peau. En d'autres mots, caricaturez votre côté hyperémotif pour en faire un personnage avec son nom, ses habitudes, ses croyances, etc. Dessinez-le et décrivez-le, puis faites un dialogue avec lui. Voyez quels autres aspects de vous s'expriment dans le dialogue.

- *Vue d'ensemble :* Tracez trois colonnes, intitulées : Faits ; Émotions ; Réponses. Dans la colonne des faits, notez les situations qui entraînent des réponses émotionnelles fortes chez vous. Dans la colonne centrale, inscrivez les émotions que vous sentez quand ces faits se produisent. À droite, écrivez votre réaction concrète. Exemple : Fait : Pierre me parle de son ex-femme ; émotion : je me sens jalouse et insécure ; réponse : je me ferme. Quand vous avez terminé, relisez-vous. Que remarquez-vous ? Y a-t-il des émotions récurrentes ou des thèmes qui se répètent ? Choisissez l'émotion dominante et consacrez-lui une page entière. Dessinez-la et décrivez-la, puis terminez avec 20 minutes d'écriture rapide à partir des questions suivantes : depuis quand je sens cela ? Pourrais-je répondre autrement à la situation courante ?

Extrait de l'exercice *Je sens tout parce que...* Un dessin spontané a émergé de l'écriture.

- *Le bouclier:* Parfois on sent tout parce qu'on n'a pas appris à se protéger et il peut être nécessaire de se bâtir une solidité intérieure protectrice, un bouclier. Ce bouclier n'est pas là pour fermer votre cœur mais pour effectuer une sélection sur ce que vous laissez passer en vous. Créez-vous un bouclier, en le dessinant ou le bricolant. Décorez-le de façon symbolique. Accrochez-le dans votre maison comme rappel de votre capacité à vous protéger, comme symbole de solidité intérieure.

D) L'absence d'émotions : je ne sens rien

De l'autre côté de l'hyperémotivité, il y a l'absence d'émotions. On ne les sent tout simplement pas, ou encore on n'arrive pas à identifier ce que l'on sent. À l'extrême, on se sent mort émotionnellement et/ou on est avide de sentir quelque chose, n'importe quoi. La personne dans cette situation se trouve plus à l'aise dans les autres domaines, soit le mental, le physique ou le spirituel. C'est pourtant encore une fois un déséquilibre, puisque les émotions font partie de la vie. Dans cette catégorie, on retrouve des gens très sensibles qui se sont bâti une carapace très épaisse pour se protéger, et d'autres qui au fil des ans ont décidé, la plupart du temps inconsciemment, qu'il valait mieux ne rien sentir dans la vie. Finalement, on pourrait dire que certains amateurs de sensations extrêmes se retrouvent aussi dans cette catégorie, quand ce qui les motive est un genre d'urgence à *sentir* quelque chose.

EXERCICES PROPOSÉS :

- *Tout ça a commencé quand ?* Rappelez-vous vos émotions quand vous étiez enfant. Pouvez-vous identifier *quand* vos émotions ont commencé à geler ? Faites 30 minutes d'écriture rapide à ce sujet. Vous pouvez commencer avec des phrases telles : « Je ne sens pas depuis... » ou « Je me rappelle... » ou autre.

- *Mon cœur me parle :* Le cœur est le siège symbolique des émotions. De quoi a l'air votre cœur ? Avez-vous des émotions subtiles ou est-ce vraiment le désert ? Est-ce un glacier, un désert ou une zone fortifiée ? Dessinez votre cœur. Dans quel état est-il ? Puis laissez-le vous parler.

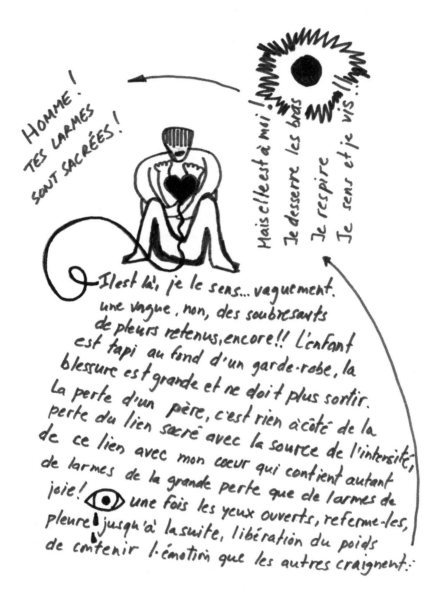

HOMME !
TES LARMES
SONT SACRÉES !

Mais elle est à moi !
Je desserre les bras
Je respire
Je sens et je vis...

Il est là, je le sens... vaguement. une vague, non, des soubresauts de pleurs retenus, encore !! L'enfant est tapi au fond d'un garde-robe, la blessure est grande et ne doit plus sortir. La perte d'un père, c'est rien à côté de la perte du lien sacré avec la source de l'intensité, de ce lien avec mon cœur qui contient autant de larmes de la grande perte que de larmes de joie ! 👁 une fois les yeux ouverts, referme-les, pleure jusqu'à la suite, libération du poids de contenir l'émotion que les autres craignent.

Exercice *Sentir*.

Votre cœur vous écrit une lettre. Faites un dialogue par la suite si vous en sentez le besoin.

- *Le lieu du cœur:* Imaginez que votre cœur est un lieu emmuré. Il contient des secrets auxquels vous n'avez pas accès. Il contient peut-être aussi de vieilles blessures. Écrivez une histoire où le héros ou l'héroïne explore cette zone fortifiée, découvre une faille dans le mur et pénètre à l'intérieur. Qu'y trouvera-t-il? Que fera-t-il? Laissez votre imagination vous porter.

- *Sentir:* Étendez-vous sur le sol. Mettez une main sur votre cœur et une sur votre ventre. Respirez profondément en vous répétant «je veux sentir mes émotions, je sens mes émotions, etc...» Faites cet exercice jusqu'à ce que vous sentiez monter quelque chose, même si c'est très subtil. Allez à votre cahier et dessinez votre émotion. Ajoutez des mots autour de votre dessin et terminez par vos réflexions.

LE SPIRITUEL

Voici ce que dit le Petit Robert de la spiritualité: «caractère de ce qui est indépendant de la matière» et «ensemble des croyances, des exercices qui concernent la vie spirituelle; forme particulière que prennent ces croyances et ces pratiques». Le domaine spirituel, c'est donc le domaine de l'immatériel et de l'invisible, c'est le monde de l'esprit. Comme c'est un monde intangible, on parle de *croyances*, puis ensuite de la *forme* que ces croyances prennent. La spiritualité est donc formée de nos croyances et de nos pratiques. C'est un domaine très vaste qui ne se limite pas à la question des religions. Celles-ci sont bâties sur les croyances et sont une *expression* de la spiritualité, mais elles n'en sont pas la seule. Les croyances et les pratiques varient considérablement d'un individu à l'autre et d'une culture à l'autre. Elles sont multiples et témoignent toutes du rapport qu'ont les êtres humains avec le mystère de la création et de la vie.

Le domaine spirituel nous lie à la Création et à ce qui est plus grand que nous. Il englobe et dépasse tous les autres aspects: mental, émotif et physique. C'est le Tout. Il nous lie aux autres et à la terre, aux rythmes de la vie, de la naissance à la mort, à notre quête commune pour comprendre qui nous sommes. Dans le cadre du journal, le domaine spirituel est très présent parce qu'il est lié à nos profondeurs et à notre source personnelle de sagesse intérieure. Le travail que l'on peut faire est très large et inclut nos croyances et nos pratiques, nos inspirations et nos appels, mais aussi nos questions et nos doutes. En ce sens, même les personnes qui ne croient pas qu'il existe de réalité autre que celle perçue par nos sens peuvent faire le travail proposé ici.

A) La spiritualité

De quoi est faite ma spiritualité? En quoi est-ce que je crois? Est-ce que j'ai eu des moments de connexion, d'unité, des moments mystiques ou des moments de grâce dans ma vie? À quoi sont-ils liés? Qu'est-ce qui me fait sentir Un avec la vie? Qu'est-ce qui me relie au monde invisible, qui me fait sentir mon âme? Y a-t-il des grands mouvements, des religions, des traditions, des approches spirituelles qui me parlent? Lesquels et pourquoi? Est-ce que parfois je sens des choses qui dépassent le monde visible: des intuitions, des synchronicités, des rêves spéciaux, des visions? Qu'est-ce que ces visions me disent? Toutes ces questions et bien davantage font partie de la spiritualité et peuvent être explorées dans le journal. Les quelques exercices qui suivent ont pour but d'approfondir ce sujet afin de rendre la spiritualité plus vivante et plus présente.

EXERCICES PROPOSÉS:

- *Expériences d'unité:* Faites une liste des moments de votre vie où vous vous êtes senti particulièrement en contact avec la vie, où vous avez senti une unité avec le monde qui vous entoure. Les moments de grâce, les moments mystiques, les simples moments de connexion. Ceux ressentis dans l'enfance ou l'âge adulte, dans des lieux ordinaires ou sacrés, tout ce qui vous vient en tête. Quand vous avez terminé, choisissez-en un et illustrez-le symboliquement ou figurativement. Puis, écrivez un court poème.

- *Mes croyances:* À quoi croyez-vous profondément? Qu'est-ce qui est important pour vous? Sacré? Pour quelles raisons? Fermez vos yeux et méditez ces questions quelques minutes, puis faites 20 minutes d'écriture rapide à ce sujet. Relisez-vous, puis dessinez un mandala.

- *Nourriture spirituelle :* Faites un diagramme en bulles (page 74) à partir du mot « inspirations ». Attachez-y tout ce qui vous inspire ou vous nourrit spirituellement, que ce soit une fleur qui s'ouvre, le bouddhisme, le vent ou la danse. Ne vous limitez pas dans vos associations d'idées. Quand vous avez terminé, regardez votre diagramme et choisissez les 4 ou 5 mots les plus significatifs pour vous. Écrivez un poème où figurent ces 5 mots.

- *Collage :* Faites un collage à partir d'images qui évoquent la spiritualité pour vous. Découpez aussi des mots si cela vous inspire. Quand vous avez terminé, écrivez vos réflexions sur la page suivante. Si vous en avez envie, faites une photocopie couleur de votre collage et affichez-le au mur.

B) Les pratiques spirituelles

Comment s'exprime ou comment aimeriez-vous exprimer votre spiritualité ? Quels sont les gestes, les pratiques, les traditions qui vous font sentir en contact avec votre esprit ? Quelles sont les pratiques qui vous font sentir en unité avec la vie ? Comment en inclure davantage dans votre vie ? Dans cette section nous allons voir comment le journal peut nous assister dans la création de pratiques simples ou nous servir de lieu d'expression de la spiritualité. En effet, on peut utiliser son cahier pour créer des prières, des méditations ou des rituels, par exemple. Je vous suggère ici quelques pistes à explorer.

EXERCICES PROPOSÉS :

- *Mes pratiques et rituels :* Réflexion sur les pratiques et rituels qui me nourrissent et ceux qui ne le font plus. Est-ce que ma vie spirituelle est riche et satisfaisante ou non ? Est-ce que je participe à des activités qui ne me disent rien ? Est-ce que j'aimerais inclure davantage de pratiques dans ma vie, en créer de nouvelles, me joindre à un groupe ? Quels sont mes besoins en matière de pratiques spirituelles et sont-ils comblés, si non, comment puis-je les combler ? Réfléchissez à ces questions quelques instants puis installez-vous à votre cahier pour faire 3 pages d'écriture _expériences d'unité_.

o enfant, je grimpe dans les arbres, mes petits bras autour du tronc, je sens la respiration de l'arbre, ses branches me portent et me lèvent toujours plus haut. Lui et moi, il n'y a pas de différence.

o enfant, je marche dans les champs, l'herbe est haute, les insectes et les couleuvres sont mes amies. Ça sent bon et le temps n'existe plus.

o la pluie tombe, je sors dehors, je suis jeune fille et je m'amuse encore avec le son de la pluie, sa fraicheur sur mon visage, les pieds dans l'eau je gambade, les nuages gris m'enveloppent et je me sens bien → ~~san~~ J'éprouve un grand sentiment de liberté.

o Seule devant la mer, les pieds dans le sable, mes orteils qui fricotent, mes bras pendants le long de mon corps. Mes yeux qui regardent loin si loin, mon sourire qui rit tout seul et une immense joie qui traverse tout mon être.

o couchée sur la terre, les bras en croix, la colonne vertébrale qui sent chaque mouvement de la terre, les yeux tantôt qui regardent le ciel, tantôt fermés, une gratitude immence qui envahit chaque cellule de mon corps. Je suis bénie !

Expériences d'unité, première partie (liste).

rapide sur ces sujets. Après les trois pages, voyez si vous pouvez dégager des actions concrètes de votre réflexion et notez-les. Assurez-vous d'en réaliser au moins une dans la semaine.

- *Création de prière :* La prière est un élan du cœur vers notre Créateur, et en général les humains s'en servent pour deux choses : demander et remercier. Faites 2 colonnes, une pour vos demandes et l'autre pour vos remerciements. Faites une liste dans chacune des colonnes, puis transformez ce qui ressort de ce travail en poème-prière. Utilisez cette prière dans votre vie courante, chantez-la, affichez-la.

- *Création de mantra*:* Reportez-vous à l'exercice des expériences d'unité en page précédente et faites-le si vous ne l'avez pas déjà fait. Choisissez un moment d'unité et utilisez-le comme inspiration pour créer une phrase de 7 syllabes que vous pourrez par la suite utiliser comme un mantra, c'est-à-dire vous la répéter en méditant ou dans des moments de stress. Exemples : à partir d'un moment où je flottais sur le dos dans la mer bleue en regardant le ciel bleu profond, j'ai créé : « Entre bleu eau et bleu ciel »; à partir d'un moment de plénitude, une participante à un atelier a créé : « Je suis assez, je suis Tout ».

- *Mandala :* Le mandala est un outil de méditation et de contemplation par excellence (voir page 104). Créez-en un à partir d'un de vos moments d'unité ou à partir de votre vision de la spiritualité. Affichez-le, si désiré.

C) La sagesse intérieure

À mon sens, un des apports les plus puissants du journal créatif est le développement du lien à notre sagesse intérieure. Pour moi ce fut phénoménal et sans contredit l'aspect le plus positif de mon travail personnel avec le journal. Nous avons un réservoir de sagesse à l'intérieur de nous-mêmes dont nous ne soupçonnons pas l'existence. Il suffit de poser les questions et de s'arrêter pour écouter ce qui monte. On peut appeler cela la présence de Dieu ou du divin à l'intérieur mais on peut aussi simplement considérer qu'il s'agit de prêter oreille à ce

---

*   Inspiré d'un atelier de Journal Intime Intensif, suivi à Montréal en 1989.

Mandala, collage fait à partir du thème de la spiritualité.

qu'il y a de plus profond en nous. Quand toutes les autres voix se sont tues et qu'on arrive à saisir le mouvement intérieur de notre être le plus profond, quand on ne s'identifie plus aux vagues de la mer mais qu'on réussit à descendre dans les profondeurs et à capter les messages qui s'y trouvent, on découvre une source intarissable de sagesse et de connaissance que personne ni aucune blessure de la vie ne peut nous enlever. Les exercices qui suivent sont conçus pour développer ce lien et sont autant d'outils pour aller consulter nos profondeurs.

EXERCICES PROPOSÉS:

- *Conversation avec Dieu:* Ayez une conversation avec Dieu, la Vie, un ange gardien, ou encore une personne qui symbolise la sagesse pour vous. Posez toutes les questions qui vous tourmentent, dites tout ce que vous avez sur le cœur, et laissez l'autre répondre.

- *Les grandes questions:* Faites 3 pages d'écriture rapide. Quand vous sentez que vous êtes moins dans le mode rationnel, insérez les questions de fond qui vous tenaillent et laissez votre main répondre. Adressez-les à une figure de sagesse si cela vous aide. L'écriture rapide prendra alors la forme d'un dialogue ou d'une longue « réponse », c'est normal. Ne vous arrêtez pas à la forme mais continuez à écrire sans interruption et à laisser monter les questions et les réponses.

- *Symbole de sagesse:* Dessinez un symbole de sagesse, donnez-lui un nom puis écrivez autour de lui tous les mots qui vous viennent. Puis, imaginez que ce symbole peut vous parler et qu'il vous écrit une lettre. Que vous raconte-t-il? A-t-il des indications, des conseils pour vous ou plutôt des encouragements? Écrivez vite, laissez-vous aller, ne vous censurez pas. Voyez où cela vous mène...

- *Le guide:* Écrivez une histoire où vous errez en quête de réponses à vos questions et dilemmes. Vous rencontrez éventuellement sur votre chemin un personnage qui vous guidera dans votre périple. Que se passe-t-il entre vous? Quel genre de conversation avez-vous? Racontez l'histoire comme si elle arrivait à quelqu'un d'autre, ou encore comme un conte fantastique.

Chère M,

Tu es une perle, pourquoi es-tu si dure avec toi-même? Traite-toi
avec tendresse s'il-te-plaît, tu fais du mieux que tu peux. Tu suis
ton chemin fidèlement, tu ouvres ton cœur aussi grand que tu es
capable, tu observes tes dépendances et tu essaies de les déraciner -
ne te juge pas si durement! As-tu entendu cette pensée que tu as eue
plus tôt aujourd'hui? C'est de la pollution. Tu n'as pas besoin de
ça. Ce dont tu as besoin c'est de te flatter le cœur. Et encore. Et
encore. C'est dur d'être ici. Admets ça. C'est dur pour tout le
monde. Alors flatte ton cœur. Je t'aime. Je t'AIME. C'est pas une
farce. Respire et viens me rejoindre. J'habite à l'intérieur de toi,
tout au fond, je suis là, immobile. Simplement. Juste ça. La vie sans
tous ces mots. Juste ça. Je t'aime.

Symbole de sagesse: Dessin spontané avec lettre d'encouragement.

15

Les grands rêves

Les grands rêves ce sont nos visions profondes, les projets qui nous tiennent à cœur, les bébés que l'on veut mettre au monde. Ils précèdent les créations qui jaillissent de nous, ils en sont la vision première. Tous les projets naissent d'abord dans l'imaginaire puis certains d'entre eux font leur chemin vers leur réalisation. Pourtant, bien des gens ne sentent pas ou plus ces grands mouvements de l'âme. Peut-être qu'enfant ou adolescent nous avions des projets et sentions vibrer notre vitalité. Que s'est-il passé? Où ces rêves sont-ils partis? Se sont-ils transformés et réalisés dans une autre forme ou les avons-nous enterrés en les taxant d'irréalistes ou d'utopistes? Avons-nous enfoui notre créativité avec nos rêves? Sommes-nous morts quelque part entre l'enfance et l'âge adulte? Croyons-nous maintenant que ce n'est plus la peine, que nous sommes trop vieux, qu'il est trop tard? Sommes-nous devenus amers? Que pouvons-nous encore faire? Comment faire pour sentir notre direction et les rêves qui en découlent?

Ce travail se fait en deux étapes. Tout d'abord, il nous faut sentir les élans de notre cœur. Ensuite, il faut faire le travail nécessaire pour les amener dans le monde de la matière et des sens. J'ai donc divisé ce chapitre en deux parties: la légende personnelle et les grands projets. La légende personnelle, telle que définie par Paulo Coelho dans son livre *L'alchimiste**, est liée à la quête de sens dont je parlais dans la première partie de ce livre. Il nous faut répondre à des questions telles: Qu'est-ce que je veux faire de mon temps ici sur terre? Qu'est-ce qui me donne le plus de joie? Où est-ce que je rayonne le plus? Dans quel

---

* Paulo Coelho, *L'alchimiste*, Paris, Anne Carrière, 1994.

domaine ma contribution au monde est-elle la plus vivante ? Puis, une fois qu'on sait sur quel chemin nous engager, qu'on a une vision de ce qu'est notre légende personnelle, il faut arriver à articuler cette vision en projets concrets. C'est le travail avec la matière qui commence. C'est souvent à cette étape qu'on se bute à des difficultés et qu'on peut être tenté de renoncer. Le journal est un allié précieux dans tout ce processus.

LA LÉGENDE PERSONNELLE

La « légende personnelle » est une expression qui s'est beaucoup répandue depuis la sortie du livre *L'alchimiste* de Paulo Coelho. Trouver sa légende personnelle semble une quête humaine très répandue, surtout lorsque nos besoins de base sont satisfaits, que l'on n'a pas à se battre constamment pour sa survie. Cette quête est issue du besoin de se réaliser, de trouver dans quelles activités on se sent à notre place et à notre meilleur. Elle vient du désir que notre vie ait un sens. Elle répond à la question : « Qu'est-ce que je suis venu faire dans cette vie ? Quel est mon rôle, ma contribution ? » Il semble que, lorsque cette question trouve une réponse, lorsqu'on arrive à se sentir sur « notre voie », une certaine paix s'installe en nous. On n'a plus à chercher qui on est et ce qu'on fait sur la terre, on le sait, on le sent. On sait quels projets sont importants et lesquels on peut laisser tomber, on sait quels pas sont nécessaires pour réaliser nos projets. Mais parfois la quête est longue, et on met des années avant d'arriver à sentir cette clarté, si on y arrive. Je vous propose ici quelques exercices allant dans ce sens, et vous pouvez aussi faire ceux qui sont proposés dans les sections « crise de sens » et « où je m'en vais ? », en pages 145 et 138.

EXERCICES PROPOSÉS :

- ***Qu'est-ce qui me passionne ? :*** Faites 20 minutes d'écriture rapide pendant trois jours en partant avec la question « Qu'est-ce qui me passionne ? ». Réinsérez-la régulièrement dans l'écriture. Relisez-vous à la fin des trois jours et écrivez vos réflexions. Essayez de saisir s'il y a un fil conducteur, s'il y a des éléments qui pourraient être les fondements du sens de votre vie, ou s'il y a des pistes à approfondir.

Ma passion est multiple
elle jaillit du
centre,
du feu,
de la vitalité
exprimée.

Ceci est mon feu, mon centre brûlant, là d'où je vis vraiment, sans entrave, avec la poésie et les couleurs vives, avec la mer et le vent, avec l'enfant, avec Dieu, avec l'Humain et avec la femme, avec la poésie et les pins, avec les loups et le vent, là d'où je tire ma vitalité, mon inspiration, là d'où jaillit ma source. Ceci est ma vie. Ceci est mon feu, ma flamme, ma source.

rêver

dynamiser, enseigner

rituels, prier

créer

me balader

dessiner-peindre

jardiner

aimer

danser, bouger

écrire de poésie

contempler

HA! HA! HA! HA! HA! rire

Vivre en suivant mes passions c'est quand la vie et le travail ne sont plus deux choses distinctes mais se mélangent joyeusement.

Mes passions
ont plus à voir
avec la vie en
général, dans sa totalité,
qu'avec un travail quelconque.

Exercice *Ma passion*, première partie.

- *Ma passion:* Pensez à ce qui vous allume, vous passionne, à ce qui a du sens pour vous. Faites un dessin spontané à partir de ce sujet. Laissez-vous aller librement, évitez les pensées concrètes du style: «oui, mais il n'y a pas de job là-dedans...». Quand votre dessin est terminé, donnez-lui un titre, écrivez des mots autour, puis engagez un dialogue avec l'image (voir technique page 108).

- *Ma légende personnelle:* Un peu comme dans *L'alchimiste*, écrivez l'histoire d'un personnage en quête de sa légende personnelle, qui rencontre certains obstacles, des leçons, des aides, etc. Faites-en une histoire courte, de quelques pages au maximum. Essayez de voir en quoi votre histoire parle de vous et comment vous pourriez l'articuler concrètement dans votre vie actuelle.

- *Choisir les projets:* À partir des exercices précédents, déterminez quels sont les projets concrets qui vont dans le sens de votre légende personnelle. Faites-en une liste. Choisissez-en un ou plusieurs à propos desquels vous allez faire un dessin spontané suivi de 20 minutes d'écriture rapide. Le but est d'approfondir comment résonne chaque projet à l'intérieur de vous, et éventuellement de faire des choix concrets et réalistes parmi tout ce qui vous intéresse. Faites les exercices de la section suivante.

LES GRANDS PROJETS

Dans les grands projets, on sort de la question plus générale de notre place dans le monde et on entre dans le plus spécifique. Quelles sont les choses que je veux créer concrètement? Quels types d'événements, de rencontres, d'objets, de projets? Quel type de travail je veux faire? Maintenant que j'ai une vision et un sens de ma direction, quels sont les gestes concrets à poser pour manifester cette vision dans la matière? Quelle forme et quelle couleur aura ce bébé que je porte? C'est là que la vraie création commence. On doit «incarner» notre vision, lui donner une forme tangible. Nos rêves seront confrontés au monde concret de la matière, où on rencontre des obstacles. Comment les surmonter? Comment ne

Exercice *L'étoile*, première partie, modifié (n'a pas identifié obstacles et aides). Fait par une femme dans la vingtaine.

pas bloquer le cycle de la créativité dans nos projets? Voici quelques suggestions d'exercices qui vont dans ce sens:

EXERCICES PROPOSÉS:

- *Mon projet:* Faites le dernier exercice de la page précédente. Quand vous avez sélectionné un projet, écrivez son nom en haut d'une page que vous diviserez en 3 colonnes. Dans la colonne de gauche, illustrez où vous en êtes par rapport à votre projet, en dessins et en mots. Dans la colonne centrale, faites une liste des étapes nécessaires à la réalisation de votre projet (ces étapes doivent être décortiquées en actions très précises et réalistes, en *tout petits pas* que l'on fait un à la fois). Dans la troisième colonne, créez une image du projet déjà réalisé. Terminez avec vos réflexions. Si vous sentez un blocage, faites l'exercice suivant.

- *L'obstacle:* Qu'est-ce qui bloque votre projet, l'empêche de se réaliser, lui fait obstacle? Faites un dessin spontané de l'obstacle et entrez en dialogue avec lui.

- *Faire le point:* Certains projets changent de forme ou meurent en cours de route, c'est normal. Il faut parfois réévaluer nos projets, peut-être les mettre sur la tablette quelques mois. Faites le calme en vous et laissez monter les images en rapport avec votre projet. Comment vous sentez-vous? Y a-t-il des couleurs, des formes, des mots qui vous viennent concernant ce projet? Peut-être avez-vous peur de l'étape suivante, ou peut-être devez-vous laisser aller quelque chose? Où en êtes-vous? Faites d'abord 3 pages d'écriture rapide, puis un dessin spontané. Ensuite relisez-vous, regardez votre dessin et notez vos réflexions.

- *L'étoile:* Dessinez une étoile qui représente vos aspirations. Ajoutez un chemin qui y mène et dessinez-vous sur le sentier. Êtes-vous près ou loin de votre étoile? Dessinez les obstacles et les aides et identifiez-les. Sur la page suivante, dessinez une silhouette (technique page 102) et placez l'étoile vis-à-vis votre cœur. Ajoutez des mots et des affirmations positives autour de votre dessin. Écrivez vos réflexions.

AUTRES SOURCES D'INSPIRATION

En dehors de tout ce qui a été abordé dans les grands chapitres, je n'aurais pu passer sous silence ces quelques grandes sources d'inspiration qui alimentent le journal créatif de matériel riche, de matériel qui nous nourrit et nous inspire, qui parfois nous donne une direction nouvelle ou un sentiment que la vie est magique. Il s'agit d'abord de nos rêves, non pas nos projets mais nos rêves de nuit, qui sont une source inépuisable d'images et de sensations venues tout droit de notre inconscient, sans censure de notre mental. Puis il y a les images ou les flashs qui nous viennent dans des moments de méditation ou de contemplation, par la visualisation ou simplement à travers l'art spontané. Enfin, il y a tout ce qui fait la vie courante et qui nous touche : ce qui passe par nos sens, les signes et synchronicités qui nous surprennent, les événements sociaux.

Finalement, ce qui se passe dans notre vie autant intérieure qu'extérieure nourrit le travail du journal. En retour, le travail du journal nourrit nos expériences et enrichit notre vie. Les trois sources d'inspiration que j'ai mentionnées sont toutes des points d'entrée en soi, et je voulais leur porter une attention particulière.

16

Les rêves

Les rêves sont une source incroyable de messages et de sagesse intérieure, si on peut arriver à bien les saisir. Émettant des symboles et des images venus directement de l'inconscient, ils nous parlent de ce qui se passe en nous à un niveau plus profond que le niveau rationnel. Ils sont une fenêtre sur la vie intérieure et ils donnent accès aux messages de la psyché. Les rêves ont pour fonction de restaurer notre équilibre psychique, et les décoder a une grande valeur. De tout temps les humains ont essayé de les comprendre, leur ont prêté des significations particulières et les ont utilisés pour se guider dans la vie courante. En saisir le sens nous aide à devenir plus conscients de soi, à être plus présent à soi-même. Il y a plusieurs méthodes pour travailler avec les rêves. Le but de ce livre n'est pas d'étudier cela en détail, il y a de très bons ouvrages sur le sujet. Je veux seulement donner ici quelques pistes de base. Quelle que soit la méthode employée, il faut d'abord écrire son rêve et il est suggéré de le faire au temps présent, histoire de s'y replonger le mieux possible. La plupart des auteurs suggèrent aussi de donner un titre à son rêve, cela permet de mieux le fixer dans la mémoire et d'y faire référence plus facilement par la suite. Vous trouverez ci-dessous différentes idées sur la façon d'inclure le riche matériel de vos rêves dans votre journal.

EXERCICES PROPOSÉS :

- *Approche générale :* Après avoir écrit votre rêve, identifiez l'atmosphère ou le sentiment principal qui s'en dégage. Ensuite, encerclez les éléments qui semblent les plus importants. Par exemple, si je rêve qu'un ours me poursuit dans une forêt sombre et que je me cache dans une grotte, les éléments clés seront l'ours, la forêt, la grotte et moi. Explorez ces éléments clés et/ou le sentiment principal à l'aide des techniques de dessin ou d'écriture du journal puis cherchez les liens avec votre vie courante. Le message du rêve devrait se dégager de ce travail.

- *Méthode rapide:* Écrivez votre rêve et identifiez l'atmosphère ou le sentiment principal qui s'en dégage. Terminez en vous demandant où, dans votre vie courante, vous sentez cette atmosphère ou éprouvez ce sentiment. Cela est souvent suffisant pour sentir le message du rêve.

- *Dessiner son rêve:* Dessinez une scène de votre rêve, avec la main non-dominante, si désiré. Écrivez vos réflexions autour du dessin puis combinez avec une technique d'écriture de votre choix, par exemple: dialoguez avec un élément de votre dessin ou démarrez un exercice d'écriture rapide à partir de vos réactions à votre dessin. Terminez en faisant le lien avec votre vie courante et en tentant de saisir le message du rêve.

- *Un exercice d'écriture:* Les possibilités sont nombreuses, mais voici quelques idées: D'abord, écrivez quelques lignes sur chacun des éléments clés que vous avez identifiés. Si désiré, «devenez» chacun des éléments en écrivant par ex.: «Je suis... (la forêt, l'ours, la grotte...) et...». Ensuite, entrez en dialogue avec un élément clé ou écrivez 3 pages d'écriture rapide à partir de vos réactions. Si un rêve vous dérange parce qu'il se termine mal, vous pouvez le réécrire en changeant la fin. Terminez l'exercice en faisant le lien avec votre vie courante et en tentant de saisir le message du rêve*.

---

* Mes deux sources d'inspiration pour cette section sont:
Johanne Hamel, *De l'autre côté du miroir*, Montréal, Le Jour, 1993.
Lucia Capacchione, *The Creative Journal*, North Hollywood, CA, Newcastle Publishing, 1979.

Rêve : « Le cancer »

« Je me découvre de multiples bosses en haut des seins, débutant au plexus solaire et descendant à l'intérieur des bras. Je suis complètement paniquée. Je me touche et je n'en reviens pas. La peur m'étrangle. Puis simultanément je me dis « visualise la lumière, visualise la lumière ». Je me réveille alors à demi et je me touche pour vrai. Il n'y a pas de bosses. Je me rendors un peu inquiète en me disant que c'est un rêve de peur. »

En se levant, après avoir écrit son rêve, la rêveuse le dessine (reproduit ici fidèlement à l'original) :

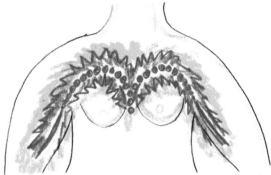

Elle note en regardant le dessin que les bosses sont comme de l'énergie concentrée, ne circulant pas, bloquée. Comme ça part du cœur vers les bras, elle se dit que l'énergie de son cœur vers le monde – l'énergie d'action – est bloquée. Le sentiment principal, c'est la peur. Ont suivi 3 pages d'écriture rapide très intenses où elle identifie de quelle façon son travail dans le monde est bloqué et pourquoi l'énergie de son cœur ne passe pas. Elle identifie ce qui lui fait si peur dans le fait d'affirmer sa façon de voir. Dans le but de s'aider à agir, elle fait alors un second dessin selon la technique de l'art positif (ci-dessous).

Exercice *Dessiner son rêve* : résumé d'un long travail sur un rêve perturbant – la rêveuse raconte que ce rêve l'a beaucoup remuée et que le travail dans le journal l'a aidée à saisir que son rêve n'annonçait pas une catastrophe mais était un « appel du cœur à se dépasser ».

17

Les images

Au cours de la journée, au cours d'une activité méditative ou autre, il arrive que des images soudainement nous viennent à l'esprit. Souvent on les ignore ou on est trop pris dans l'action pour leur accorder de l'importance. Pourtant, comme les rêves, les images qui nous habitent peuvent receler des trésors. Elles viennent de notre conscience plus vaste et elles valent la peine qu'on s'y arrête.

S'il y a les images qui viennent spontanément, au fil du temps on a aussi développé différentes techniques pour favoriser l'émergence de ces images, justement parce qu'on en voyait la valeur et le pouvoir. Parmi ces techniques, la visualisation et l'imagination active sont des plus populaires. Ce sont deux approches qui se ressemblent et où il s'agit de se mettre dans un état de relaxation pour ensuite laisser monter des images, soit en utilisant des histoires suggérant des thèmes (visualisation) ou en invitant des images à monter de son inconscient pour ensuite entrer en relation avec elles (imagination active). Il existe aussi beaucoup de méditations guidées qui invoquent des images.

Toutes ces approches sont des ajouts très valables au journal créatif. On peut débuter une session de journal par une méditation ou une visualisation pour se centrer, pour relâcher nos tensions et pour inviter des images à monter, que ce soit des images spontanées ou concernant le thème sur lequel on a décidé de travailler. Une autre façon d'accueillir les images qui nous habitent est l'art spontané. Il s'agit de suivre notre mouvement intérieur et d'amener sur le papier des formes et des couleurs en contrôlant le moins possible ce qui vient. Vous trouverez en page suivante quelques suggestions.

EXERCICES PROPOSÉS:

- *Image spontanée:* Ouvrez votre journal, disposez vos crayons devant vous et fermez les yeux pour quelques instants. Respirez profondément, laissez aller les tensions, mettez-vous dans un état réceptif. Laissez monter des images, des couleurs, des formes. Quand vous êtes prêt, ouvrez les yeux et faites un dessin de ce que vous avez senti ou vu. Enchaînez avec la technique du dialogue avec l'image ou de l'image qui raconte. Vous pouvez aussi reporter à votre journal les images ou les flashs qui vous sont venus spontanément à d'autres moments de la journée.

- *Visualisation:* Asseyez-vous confortablement et fermez les yeux. Prenez plusieurs grandes respirations, relaxez-vous, laissez fondre toutes les tensions corporelles. Puis imaginez que vous êtes sur un beau sentier dans la forêt. Vous avancez doucement, vous êtes bien. Le sentier s'ouvre sur une clairière, au centre de laquelle se tient un gros arbre majestueux. Sous cet arbre est assise une personne très vieille et très sage. Elle vous attendait. Que se passe-t-il quand vous vous rencontrez? Que vous dit-elle? Avez-vous quelque chose à lui demander? Si oui, faites-le. Prenez votre temps. Laissez se dérouler votre rencontre. Quand vous sentez que c'est terminé, remerciez-la puis reprenez le sentier en sens inverse, jusqu'à ce que vous soyez revenu à votre point de départ. Prenez le temps de reprendre contact avec votre corps, avec votre respiration, avec votre environnement. Quand vous êtes prêt, ouvrez les yeux et prenez votre journal pour y consigner ce qui s'est passé dans votre visualisation. Faites un dessin si désiré.

- *Imagination active:* Installez-vous confortablement et relaxez-vous. Fermez les yeux, respirez profondément, puis entrez dans le monde de votre imagination. Invitez votre inconscient à vous présenter des images. Vous pouvez imaginer en détail un endroit invitant à l'intérieur de vous, puis voir qui viendra vous y rencontrer. Quand une image se présente, soyez accueillant et attentif. Entrez en relation avec votre image, soit par un dialogue ou des gestes. Laissez se dérouler l'histoire, puis quand vous sentez que c'est terminé, prenez le temps de reprendre contact avec votre corps, avec votre respiration, avec votre environnement. Quand vous êtes

Il était une fois un homme seul, assis sur une roche au bord de la mer. C'était un chef indien, un homme sage, un homme fier, un homme inquiet pour les siens. Il était venu se recueillir danx cet endroit calme mais puissant. La mer toujours lui inspirait des mots, des gestes, des silences. La mer lui imposait la vérité, la vie, la puissance des choses sûres. La mer parlait fort et en même temps se taisait. Aujourd'hui elle semblait se taire. Aujourd'hui elle était inquiète avec lui. La folie s'était emparée des hommes. Ils étaient aveuglés par leurs douleurs et se moquaient de tout, se heurtaient les uns et les autres, alimentaient le cycle de la violence et de la peur. Le chef indien me dit «Va - va et enseigne ce que tu sais. Seulement ça. Va et dépêche-toi. N'erre plus de par le monde. Il n'y a plus de temps.»
Je pleurai en l'entendant.
Il me semblait savoir si peu de choses.

Imagination active traduite en dessin spontané puis en histoire.

prêt, ouvrez les yeux et prenez votre journal pour y consigner ce qui s'est passé et faites un dessin si désiré. Utilisez ce matériel avec d'autres techniques.

- *Méditation:* Asseyez-vous confortablement et fermez les yeux. Prenez plusieurs grandes respirations, revenez à votre respiration régulière puis dirigez votre attention sur votre respiration, sur l'air qui entre et sort de vos narines ou votre bouche. Laissez passer les émotions ou les pensées sans vous y attacher, puis revenez à votre respiration. Faites cela pendant 20 minutes. Après votre méditation, allez à votre journal et dessinez un mandala.

18

La vie courante

La vie courante est pleine de choses qui nous parlent et qui nous touchent. C'est une source d'inspiration sans fin. Il y a d'abord tout ce qui nous vient par nos sens : tout ce que l'on voit, ce que l'on entend, ce que l'on goûte, ce que l'on touche et ce que l'on sent. Toutes ces expériences sensorielles peuvent alimenter notre vie intérieure et notre journal. Par exemple, quand j'allaitais mon enfant j'étais pleine de sensations et d'émotions et je ne voulais pas oublier une expérience aussi riche, alors je l'ai consignée avec le plus de détails possible dans mon journal, puis en poésie, puis en peinture. Il arrive aussi qu'une odeur nous ramène dans le passé, qu'un film nous marque ou qu'une chanson nous fasse frissonner. Tout cela est riche et vaut la peine d'être consigné.

La vie courante est aussi pleine de signes et de synchronicités, d'événements qui nous parlent et nous donnent une direction intérieure. Le journal peut nous aider à les saisir et à les écouter davantage. Être ouvert aux signes, c'est être ouvert au mystère de la vie. Quand la vie nous fait ce genre de petit clin d'œil, je pense qu'on peut s'en servir dans le journal, tout comme on se sert des images venant de nos rêves ou de nos visualisations. C'est un ajout un peu magique, qui nous ouvre à autre chose. Voici un exemple : un été, j'ai été frappée par le nombre de tortues que je rencontrais... dans un petit lac où j'avais l'habitude de me baigner et où je n'en avais jamais vu, dans un marécage sur la piste cyclable, dans mes rêves nocturnes, et finalement sur une robe que m'offrait ma mère, sans connaître ces histoires. J'ai cherché la symbolique de la tortue et ai travaillé plusieurs mois avec ce thème. Ce fut une inspiration très riche pour moi.

Finalement, la vie courante est remplie de faits divers et d'événements sociaux, de choses qui nous révoltent ou qui nous inspirent des actions concrètes.

Cela aussi a sa place dans le journal et fait partie de la vie humaine. L'exemple de Nathalie Rogers en page 50 est certainement frappant. Vous trouverez ci-dessous quelques suggestions de travail.

EXERCICES PROPOSÉS:

- *Un senti:* Prenez un senti de votre vie récente qui vous a touché: une émotion lors d'un film, d'une chanson ou d'une lecture, une odeur ou un goût, une sensation physique. Inscrivez ce que c'est en haut de la page et faites 3 pages d'écriture rapide en partant de ce sujet. Terminez par un poème ou un dessin.

- *Un signe:* Si vous avez remarqué un signe ou une synchronicité dans votre vie, inscrivez-le dans votre journal. Servez-vous-en comme point de départ pour écrire une histoire. Ensuite, relisez votre histoire et notez si elle a des résonances avec votre vie. Faites un dessin, si désiré.

- *Un événement:* Si une situation sociale vous révolte ou vous touche, inscrivez de quoi il s'agit en haut de votre page et faites un dessin spontané à partir de votre émotion en rapport à cet événement. Ajoutez-y tous les mots qui vous viennent puis poursuivez avec 3 pages d'écriture rapide. Notez comment cet événement et cette émotion sont liés à votre vie intérieure et notez aussi si la nécessité de gestes concrets de votre part naît de ce travail.

- *La musique:* Mettez une musique qui vous touche et vous inspire et faites un dessin spontané tout en l'écoutant. Écrivez des mots autour de votre dessin et terminez avec vos réflexions.

- *Le mouvement:* Faites des mouvements libres, dansez, sautez, bougez. Soyez attentif aux images et sensations qui vous traversent. Quand vous vous sentez mûr, ouvrez votre journal et exprimez-vous par un poème ou un dessin.

Par où commencer. Encore la peur. L'inquiétude. La peur viscérale. Ça continue. La vie me la fait monter, encore, encore, encore. Hier soir on a écouté l'erreur boréale - l'horreur boréale - sur les coupes à blanc. J'en pleurais. Il y avait un vieux Cri qui a parlé, et je pleurais et pleurais. Ils rasent tout. Une dizaine de compagnies. Ne laissent que des bandes d'arbres. Et ça va vite. Alors au coucher j'avais ma peur personnelle doublée de la peur collective et la tristesse éperdue de voir notre Mère se faire violer, piller, piétiner. Sachant que ce même développement sauvage se fait partout sur la planète. Je sentais qu'on allait éventuellement étouffer. Je pleurais d'impuissance. Je pleurais sur nous les humains qui avons perdu contact avec notre âme, qui ne voyons plus que le corps, la matière, qui sommes perdus et cherchons à remplir notre vide sans fond avec de la matière, toujours plus de matière. Avidité et gouffre. Vide de l'âme. Et puis toutes ces guerres. Toute notre inconscience, à tant de niveaux. Et mon ventre qui faisait mal, et mon nez qui s'est mis à saigner. OUF. Drôle de soirée. Drôle de truc. Pourquoi avoir peur? Parce qu'il y a l'Ombre à côté de la Lumière. Parce qu'il y a des drames humains, un drame écologique, parce qu'il y a toute cette destruction, ce viol de la vie, ces trahisons, ce pillage désastreux - tout ça. L'ombre géante des humains sur la terre. Qui va avec la lumière géante, qu'on a du mal à voir parfois. Il y a tous ces miracles aussi. Cette vie qui s'obstine à croître. Ces créations humaines incroyables. Cet amour qui prend tant de formes. Et au-delà de tout ça, le Grand Mystère. La Vie qui nous a fait tant libres qu'on pourra détruire notre jardin si c'est ce qu'on choisit. Comment à travers ça apaiser mon propre cœur ce matin? Comment cesser de m'empoisonner de peur? Dire NON comme dans mon rêve. J'ai rêvé de cet enfant, je le sens, il bouge en moi. C'est ça qui est vrai, qui compte. Il dit maman maman je suis là arrête de t'inquiéter! Alors j'arrête. Je casse la chaîne générationnelle. Je n'ai pas besoin des peurs de ma mère, de mon père, de mes ancêtres. Je choisis la Vie. Je choisis de croire. Je choisis la confiance. Je choisis la lumière. Tant qu'à choisir. Point. Chaque fois que la peur montera je dirai NON! et je respirerai 3 fois jusqu'au fond. Pas pour enterrer ou nier la peur, mais pour ne pas lui céder. Et avant de finir je veux remercier tout ce papier que je noircis de mots. Tout ce papier qui me supporte, qui nourrit mon cœur. Merci. Je veux ne jamais oublier sa valeur. Avoir de la révérence, de la gratitude. Merci.

Écriture rapide le matin ayant suivi l'écoute du film *L'erreur boréale* de Richard Desjardins.

QUATRIÈME PARTIE

PIÈGES ET BLOCAGES

Tout chemin de création et d'introspection comporte des obstacles et des pièges. C'est un phénomène normal compte tenu de la nature du processus créateur mais aussi de notre nature propre (nos expériences, nos blessures, etc.) et de notre culture qui ne favorise pas nécessairement l'introspection ni la créativité optimale. Dans cette partie, vous trouverez une description des principaux obstacles que vous êtes susceptibles de rencontrer dans votre pratique du journal créatif, accompagnés d'exercices visant à les surmonter. De plus, comme les obstacles ne se vivent pas que dans le journal mais aussi à l'extérieur, c'est-à-dire dans nos projets ou quand on tente de régler un problème – j'ai ajouté une partie sur le rôle du journal dans ces cas-là, avec suggestions d'exercices. Vous trouverez en terminant quelques éléments clés soutenant le travail de transformation des blocages.

Sachez que tout blocage contient beaucoup d'énergie et que le nier ou tenter de le contourner mine davantage notre travail que si on y fait simplement face. Balayé sous le tapis, notre blocage s'en ira dans l'ombre et deviendra un agent polluant important de notre créativité. Alors… à vos crayons !

Cette partie est divisée comme suit :

Pièges et blocages fréquents dans la pratique du journal

- Le syndrome de la page blanche
- Je n'ai pas le temps et autres excuses
- Je ne suis pas bon en dessin
- Par où commencer ?
- À quoi ça sert ?
- La voix critique
- La peur de ce qu'on pourrait trouver à l'intérieur de soi
- La peur d'être lu

Autres pièges et blocages

- Rôle du journal
- Suggestions d'exercices

Cinq ingrédients gagnants

- Se donner de la valeur
- Cultiver l'esprit du jeu
- Agir par petits pas
- Être positif / choisir la force de vie
- Respecter son rythme / connaître le cycle de la créativité

19

Pièges et blocages fréquents dans la pratique du journal

LE SYNDROME DE LA PAGE BLANCHE

Qui n'a jamais figé devant une page blanche ? D'après mon observation, il n'y a pas que les écrivains ou les journalistes qui souffrent de ce syndrome, mais aussi beaucoup de gens qui écrivent leur journal. On a beau avoir pensé au moment béni où on pourra s'asseoir pour écrire, quand on ouvre le cahier il arrive qu'on sente soudain un vertige et que notre cerveau semble arrêter de fonctionner. Rien ne se présente. Pas une pensée, pas une émotion, rien. Pourquoi ? Ce que j'ai observé, c'est que ce passage à vide est exacerbé par certaines circonstances. Par exemple, quand on passe trop directement du tourbillon du quotidien au journal ou quand on a négligé notre journal un certain temps, il faut en quelque sorte un moment d'arrêt avant de pouvoir se déposer en soi. Certaines personnes ont aussi l'impression qu'elles n'ont rien d'intéressant à dire, alors elles bloquent devant la feuille. À ces dernières je conseille les exercices proposés sous le blocage « la voix critique ».

Aux autres :

Essayez ceci :

Pour traverser le passage à vide, voici trois trucs :

- Fermez les yeux, prenez plusieurs grandes respirations, prenez le temps de vous intérioriser et d'entrer dans votre corps. Donnez le temps à ce qui veut monter de l'intérieur de vous de se présenter. Soyez patient et résistez aux distractions! Lorsque vous sentez quelque chose, même si c'est minime, allez l'inscrire dans votre cahier.

- Forcez-vous à faire une petite action. Par exemple : choisissez une seule couleur et marquez le papier; écrivez sur votre peur de la page blanche; faites un barbeau à deux mains.

- Le meilleur remède contre les passages à vide, c'est la pratique régulière!

JE N'AI PAS LE TEMPS ET AUTRES EXCUSES

Ici on se trouve mille excuses pour ne pas passer à l'action : pas de temps, pas de place, pas d'inspiration. Mon enfant me demande, le téléphone sonne, j'ai besoin d'un café, ah tiens! le lavage n'est pas plié. C'est bien le piège le plus fréquent et le plus insidieux! On sait pourtant que quand quelque chose est important on trouve le moyen de faire des miracles. Il ne s'agit pas de ne jamais se permettre de relâcher un tant soit peu notre pratique du journal, mais d'être capable de reconnaître les forces qui nous maintiennent dans notre inertie ou dans une agitation anxieuse quand on veut se donner du temps pour cette pratique. Le quotidien a cette faculté de nous happer dans un tourbillon d'activités et si on ne trouve pas les moyens pour ralentir et s'occuper de soi, la vie devient une course contre la montre et on peut en arriver à perdre de vue pendant des années ce qui est vraiment important pour nous. Prendre du temps pour jeter l'ancre en soi est vital. Relisez les quelques conseils au début de cet ouvrage (page 19.

Essayez ceci :

- Passez-vous en premier, vous le méritez! Choisissez un moment clé, de préférence en début de journée (plus on attend, plus on a de risques de rater notre coup), et consacrez 15 minutes à votre journal. Vous DEVEZ trouver un 15 minutes dans votre journée. Si vous avez très peu de temps tranquille, par exemple si vous êtes à la maison avec vos enfants, il est impératif que vous DÉBUTIEZ vos pauses (ex. la sieste des enfants) avec votre journal. Le reste attendra. Si vous commencez par ranger ceci ou cela, un des petits se réveillera et vous aurez encore manqué le bateau.

- Si vous êtes en proie à l'agitation et que tout vous distrait: le ménage, la vaisselle, la télé… changez de pièce. Enfermez-vous dans un endroit calme, votre chambre ou même la salle de bain, et écrivez pendant 15 minutes. Si vous n'y arrivez pas, c'est que vous êtes encore aux prises avec votre blocage. Aux grands maux les grands remèdes: lâchez un cri: « c'est assez ! » et asseyez-vous pour écrire une fois pour toutes.

JE NE SUIS PAS BON EN DESSIN

J'entends cette phrase tellement souvent! Pourtant, le journal n'est pas un lieu de création esthétique mais d'expression libre. Rien n'interdit les « bonhommes allumettes » et les barbeaux « disgracieux ». Malgré cela, le blocage face au dessin reste fréquent. Mais dites-moi, comment se fait-il que TOUS les enfants en bas de 5 ans adorent jouer avec les crayons de couleur mais que les trois quarts des adultes n'aiment plus ça? Que s'est-il passé entre les deux? Bien des choses. On s'est comparé aux autres; on a décrété que le dessin était une affaire de talent inné et que si on n'était pas né avec il valait mieux laisser ça aux artistes; on a voulu nous apprendre non pas à créer mais à reproduire fidèlement ce qu'on voyait; on ne nous a pas appris à dessiner avec autant de soin qu'on nous apprenait à écrire, etc. Il semble que les traumatisés des cours d'art abondent… mais sachez que ça se soigne ! Il est temps que les adultes retrouvent le plaisir de jouer avec les couleurs et les formes. C'est un langage si riche qu'il est triste de s'en passer et de ne se contenter que des mots.

Essayez ceci:

- Aujourd'hui vous avez 5 ans et plus rien ne vous arrête. Barbouillez, faites un dégât, utilisez votre main non-dominante et surtout n'analysez rien ! Permettez-vous une belle régression dans le plaisir pur des couleurs et des formes. Si vous avez envie d'autocollants et de brillants, de collages et autres fantaisies, suivez votre inspiration !

- Réapprivoisez le dessin doucement, en y allant une étape à la fois. Choisissez une couleur qui vous attire et tracez des lignes et des formes librement, sans vous créer d'attentes. Explorez. Allez-y avec une autre couleur. Voilà.

PAR OÙ COMMENCER?

À l'inverse de la page blanche, ici on fait face non pas au vide mais au chaos. On ne sait pas par où commencer parce que tout se bouscule dans notre tête. On ne sait pas quelle technique utiliser, quel sujet aborder, on se sent agité et on se pose beaucoup trop de questions!

Essayez ceci:

- Débutez votre session de journal avec une relaxation ou une méditation, ou encore avec des mouvements de danse ou des étirements. Mettez votre attention sur votre corps, vos sensations corporelles. Respirez profondément, chantez, faites des sons. Quand vous vous sentirez plus centré, allez à votre journal et travaillez avec la technique de votre choix.

- Faites le calme. Respirez. Demandez-vous: «Qu'est-ce qui est important?» et choisissez un des deux exercices suivants:

    a) faites trois pages d'écriture rapide sur cette question;

    b) faites une liste de ce qui vous vient en réponse à la question et quand la liste est terminée, choisissez un item et approfondissez avec la technique de votre choix.

À QUOI ÇA SERT?

Ici on a tellement l'impression de se répéter que le journal perd son intérêt. En effet, à quoi ça sert d'écrire si c'est toujours pour remâcher les mêmes vieilles histoires? Si on ne sent pas qu'on avance ou qu'on trouve des solutions? Cette impression est particulièrement présente quand on se relit après une certaine période de temps. Un découragement est susceptible de s'installer et certains abandonnent alors la pratique du journal, n'y trouvant plus d'intérêt. Pourtant, se rendre compte qu'on tourne en rond est un grand pas en avant! Songez à tous ceux qui ne s'en rendent même pas compte! Si cela vous arrive, il vous faudra regarder votre cheminement avec un certain recul et apprécier que votre témoin intérieur est en train de se développer. C'est à l'aide de cette nouvelle vision que vous arriverez éventuellement à faire des pas pour contrer vos dynamiques répétitives les plus polluantes. Cela dit, il y a certains trucs qui peuvent être utiles quand vous sentez que vous piétinez.

Essayez ceci :

- Changez de technique : si vous écrivez toujours sur les mêmes sujets, essayez de dessiner davantage, ou écrivez à la troisième personne pour une semaine.

- Quels sont vos sujets répétitifs ? Notez-les. Faites un travail de réflexion. Qu'y a-t-il derrière toutes ces histoires que vous vous racontez ? Écrivez directement sur ce sujet ou consultez la section sur le mental en page 164.

LA VOIX CRITIQUE

Nous sommes tous habités par une force destructrice, plus ou moins présente selon que l'on a une bonne estime de soi ou pas. En général, plus nous avons été critiqués ou peu encouragés dans l'enfance, plus nous avons intégré une voix qui sans cesse commente ce qu'on fait, dénigrant et évaluant notre travail, nous faisant toujours sentir inadéquat. Si cette voix se fait souvent plus présente dans nos projets extérieurs que dans notre journal intime, il arrive qu'elle s'y immisce sournoisement ! Ce qu'on écrit n'est pas assez ceci ou cela, nos projets n'en valent pas la peine, nos dessins sont nuls, etc. On voit notre journal comme sans grande valeur et le travail qu'on y fait est alors peu profitable. La voix critique semble avoir réussi à nous ôter nos moyens… La bonne nouvelle c'est que le journal peut aussi servir à lui fermer le clapet !

Essayez ceci :

- Créez un personnage à partir de votre voix critique. Faites-en un personnage sévère et intransigeant, qui ne vous permet jamais de jouer et qui exige toujours davantage. Dessinez-le ou décrivez-le, donnez-lui un nom, puis engagez une conversation imaginaire avec lui. Pour terminer, écrivez vos réflexions et des pistes d'action.

- Faites la liste de toutes les phrases négatives que vous vous dites ou que vous vous faites dire. Toutes les phrases qui vous polluent et vous empêchent d'avancer. Relisez-les, regroupez-les s'il y a lieu. Créez maintenant des affirmations positives contrecarrant chacune de ces phrases négatives. Si une de ces affirmations vous apparaît fondamentale, copiez-la pour l'afficher dans un endroit bien en vue, comme le mur de votre bureau ou encore l'intérieur de votre porte-monnaie.

LA PEUR DE CE QU'ON POURRAIT TROUVER À L'INTÉRIEUR DE SOI

Cette peur, souvent inconsciente, nous amène à rester en surface dans le journal. On écrit sur les choses à faire ou nos petites pensées du jour ; on trouve le travail du journal détendant mais on s'y ennuie rapidement, n'ayant finalement pas grand-chose à dire. Si c'est votre cas, voyez si vous n'êtes pas affecté par la peur de ce que vous pourriez découvrir en vous-même. Cette peur n'est pas rare et notre culture nous encourage abondamment dans ce sens. Car pourquoi sortir les fantômes du placard ? C'est beaucoup plus agréable de se distraire que de gratter nos vieux bobos. Pourtant, garder nos « fantômes » à l'intérieur prend énormément d'énergie, et plus ils grossissent plus ils viennent nous hanter dans nos rêves la nuit, dans des actions inconscientes, dans des maladies, etc. De les amener à la conscience diffuse leur énergie et augmente notre vitalité. L'énergie qu'on dépensait à refuser de regarder ce qu'il y a à l'intérieur est disponible pour autre chose, pour nos projets et nos rêves, par exemple. De plus, il arrive qu'on ait davantage peur de notre lumière que de notre ombre. Et si on trouvait des forces et des talents à l'intérieur ? Si on trouvait des rêves et des visions inimaginables ? Quels changements seraient alors nécessaires ? Si on sentait par exemple un grand appel pour un vieux rêve, ne faudrait-il pas s'en occuper ?

Essayez ceci :

- Prenez le temps de méditer sur vos peurs. Qu'est-ce qu'il pourrait y avoir de pire à trouver en vous ? De quoi avez-vous peur ? Qu'est-ce qui arriverait si…? Choisissez un des deux exercices suivants :

  a) Faites la liste de vos peurs, choisissez-en une, illustrez-la puis engagez un dialogue avec elle. Terminez en créant une affirmation positive ou en dessinant une image positive (la peur entourée de lumière, un endroit de ressourcement, etc.);

b) Écrivez l'histoire d'un héros ou d'une héroïne s'avançant dans des terres inconnues. Qu'arrive-t-il ? Rencontre-t-il des monstres ou des catastrophes inattendues ? Découvre-t-il des trésors, des pouvoirs spéciaux ? Qui sont ses alliés ? Laissez libre cours à votre imagination.

LA PEUR D'ÊTRE LU

Certaines personnes mentionnent cette peur comme blocage. Comment être libre d'écrire ce que l'on a sur le cœur si l'on pense que nos écrits pourraient se retourner contre soi ? Ou encore blesser quelqu'un ? Doit-on se censurer dans son propre journal ? Il n'y a pas de solution miracle à ce blocage, puisqu'il sous-entend des problèmes plus complexes liés au respect de l'intimité et au lieu de vie. Idéalement, on ne devrait pas avoir à se censurer dans son journal. Le ranger dans un endroit discret et exiger le respect de son intimité devraient être des mesures suffisantes pour assurer notre liberté d'expression. Pourtant, il arrive que malgré ces quelques précautions on ne se sente pas à l'aise d'écrire parce qu'on ne croit pas que les règles concernant le respect de l'intimité soient respectées. Pour éviter de devenir obsédé par ce sujet, je conseille alors de détruire le matériel qu'on ne veut absolument pas exposer. Je sais par ailleurs que certaines personnes choisissent de censurer certains sujets ou d'encoder certaines données. Malgré le fait que cela ne règle pas le problème à la source, c'est certainement une façon de procéder que l'on peut adopter pour un temps. J'ai entendu maintes histoires de jeunes dont les parents inquiets avaient lu le journal; des histoires d'amoureux suspectant des infidélités et feuilletant fiévreusement le journal de leur conjoint. Un journal peut même être saisi par la cour pour servir dans un procès ! Il est certain que les écrits restent et que si on veut protéger certaines informations il est préférable de les détruire. Par ailleurs, vivre dans la peur d'être lu est un grand frein à l'expression et à l'épanouissement du potentiel créateur. Une grande libération survient quand on finit par se dire que si quelqu'un nous lit sans notre accord, c'est à ses risques !

Essayez ceci :
- Écrivez trois pages d'écriture rapide sur la peur d'être lu et voyez si ça ne cache pas d'autres problèmes qu'il faudrait travailler.

20

Autres pièges et blocages

RÔLE DU JOURNAL

Martine essaie de rédiger un travail scolaire mais elle est en proie à la procrastination ; Jean rêve de prendre des cours de théâtre mais il a peur de la réaction de ses parents ; Christiane a un problème avec son conjoint mais elle n'arrive pas à lui en parler. Toutes ces situations, et bien d'autres, témoignent du fait que l'énergie créatrice est bloquée. Comment le journal peut-il nous aider quand nous rencontrons des obstacles de ce type dans notre vie courante ? J'ai été témoin tellement souvent dans mes ateliers de l'incroyable pouvoir du journal pour se dégager de l'emprise de ce genre de blocages que j'ai tenu à ajouter quelques pages à cet effet.

Pour mieux vous mettre en contexte, vous pouvez vous référer au chapitre sur la créativité dans la première partie de cet ouvrage (page 37). Vous y trouverez une liste sommaire de ce qui fait obstacle au flot naturel de la créativité, donc à la réalisation de nos projets mais aussi à la résolution de tout problème. Par exemple, nos peurs sont au cœur de ce qui nous empêche d'avancer : peur de déplaire, peur d'échouer, peur de l'inconnu, pour n'en nommer que quelques-unes. Une piètre estime de soi est aussi un poison amer pour l'énergie vitale. D'autres polluants seront par exemple le perfectionnisme, les croyances négatives, le besoin d'approbation, etc.

Pour déjouer ces forces négatives, il faut d'abord les reconnaître. Le travail de nettoyage peut commencer lorsqu'on accepte que l'on est bloqué. D'une façon générale, j'ai remarqué que ce travail s'opère plus efficacement s'il suit les trois étapes suivantes : identifier le blocage ; entrer en relation avec lui ; développer des trucs pratiques pour contrer sa dynamique. Notez que, quand on travaille sur un blocage, ces trois étapes ne sont pas nécessairement découpées aussi clairement, elles s'interpénètrent et on peut les toucher toutes dans un seul exercice.

Le journal est un lieu de travail privilégié à chacune des étapes et je m'en sers régulièrement. Par exemple, si je sens que mon énergie stagne, je vais prendre 15 à 20 minutes pour écrire sur ce sujet : qu'est-ce qui se passe ? Qu'est-ce qui me bloque ? Ai-je peur de quelque chose ?... Si je réussis à identifier une blessure ou une peur sous-jacente au blocage, je vais approfondir mon travail à ce niveau-là, soit par du dessin ou par une autre technique d'écriture. Entre autres, j'utilise fréquemment l'art positif pour me dégager symboliquement de l'emprise de mon blocage. Un autre exercice que je fais régulièrement est de débuter avec un dessin genre « barbeau » visant à décharger l'énergie bloquée et j'écris autour tout ce qui me vient (voir illustration page suivante). Il est fascinant de constater combien de simples exercices de ce genre peuvent parfois suffire pour ramener en mouvement le flot de l'énergie créatrice. Voici un exemple qui m'a beaucoup marquée et qui illustre ce point à merveille.

Madeleine est à la retraite et participe à l'un de mes ateliers. Elle rêve depuis longtemps de créer dans sa communauté un « café littéraire », une soirée mensuelle où les gens viendraient partager ce qu'ils écrivent dans l'atmosphère chaleureuse d'un café. Jamais elle n'a réussi à passer à l'action et cela la frustre beaucoup. Dans le cadre de mon atelier, elle utilise un exercice que je propose pour examiner son blocage. Elle identifie la peur de l'échec et du qu'en-dira-t-on comme ce qui l'empêche d'agir. Elle illustre cette peur en dessinant une patate, se référant à l'expression « faire patate », puis elle entre en dialogue imaginaire avec sa patate, réfutant tous ses arguments négatifs et polluants. Cet exercice en apparence anodin porte vite fruit et la semaine suivante elle annonce avec entrain la tenue de son café littéraire, qui est devenu depuis très populaire et est toujours en cours quelques années plus tard.

Dans le cas d'un blocage majeur et persistant, il sera utile de refaire des exercices à chaque fois que l'obstacle se présente. Il faudra s'armer de patience et développer des trucs concrets, aussi en dehors du journal, pour contrer le mécanisme du blocage. Les affirmations positives, les rituels, la visualisation et l'expression par les arts sont des exemples d'outils que l'on peut utiliser pour asséner un coup à ses dynamiques perverses et à ses vieilles croyances. La transformation en

Dessin spontané suivi d'écriture visant à décharger l'énergie bloquée.

profondeur prend du temps et se fait par cycles. Plus on regarde ce phénomène avec compassion et une pointe d'humour, plus c'est facile de désamorcer le processus de blocage quand il se présente.

En résumé, bien que cela prenne souvent du temps et plus d'un exercice pour arriver à contrer des dynamiques négatives que l'on traîne parfois depuis longtemps, le pouvoir des petits exercices simples ne cesse de m'étonner. Vous trouverez ci-après un riche éventail de suggestions d'exercices visant à remettre en branle l'énergie créatrice, tant pour redémarrer un projet que pour solutionner un problème.

SUGGESTIONS D'EXERCICES

Toutes les techniques du journal peuvent servir pour entrer en relation avec un blocage et tenter de le transformer. Je vous présente d'abord l'exercice de base que je propose souvent en atelier, suivi d'une liste de possibilités générales.

Exercices de base :

- Dressez d'abord la liste de ce que vous considérez être vos blocages. Choisissez-en ensuite un que vous voulez travailler et encerclez-le. Faites un dessin spontané de ce blocage. Quelles couleurs et quelles formes expriment le mieux ce qu'est ce blocage ? Allez-y spontanément, mettez tout ça sur papier. Ajoutez des mots autour de votre dessin si désiré, puis donnez un nom à votre blocage. Sur la page suivante, engagez une conversation imaginaire avec votre blocage, suivant la technique du dialogue. Terminez en inscrivant vos réflexions ou encore des pistes d'action concrètes.

Autres exercices :

Choisissez un blocage et essayez l'une des techniques suivantes :

- Écriture rapide : écrivez 3 pages ou 20 minutes sur le blocage.
- Dialogues : dialoguez directement avec le blocage. Il est particulièrement utile de symboliser le blocage (personnage, objet, etc.) car cela facilite le dialogue.

Réflexions: «C'est venu comme ça, spontanément, j'ai peur de mon propre pouvoir! J'ai des pensées du genre: et si je me trompais? Si je blessais des gens? Et si je faisais des erreurs? Et si j'étais juste un gros ego? Ou un imposteur? Et si ma vérité n'était pas vraie? Et si je perdais quelque chose?...»

Main non-dominante: dessin spontané à partir de l'identification du blocage.

- Lettres : écrivez des lettres : à quelqu'un qui a affecté votre estime personnelle ; au critique intérieur ; écrivez-vous une lettre d'encouragement, etc.

- Listes : selon votre besoin, faites une liste d'un des sujets suivants : vos blocages, vos peurs, les messages polluants reçus dans votre vie, vos désirs, vos succès, les projets qui vous tiennent à cœur, etc. La liste sert alors de point de départ à un travail plus élaboré.

- Histoires et personnages : symbolisez vos blocages (dragon, mur à franchir, zone de guerre à traverser, animal prédateur, personnage destructeur, etc.) ; insérez-les dans des histoires ou entrez en dialogue avec eux.

- Dessins : utiles à toutes les étapes : dessinez le critique intérieur, une émotion qui paralyse, etc.

- Main non-dominante : utilisez-la pour illustrer vos blocages.

- Barbeaux : très efficaces pour contrer le perfectionnisme ou l'inertie. Faites-en souvent.

- Art positif et affirmations positives : créez des images et des phrases contrecarrant l'énergie du blocage.

- Rituels : très utiles pour laisser aller symboliquement certains blocages. Par exemple, écrivez vos peurs sur des papiers et brûlez-les, ou encore enterrez un petit objet en glaise créé pour symboliser un blocage.

Cinq ingrédients gagnants

Au fil du temps j'ai identifié cinq ingrédients qui soutiennent le travail de déblocage et ainsi stimulent la créativité. Ce sont des attitudes ou des actions favorisant la transformation des blocages et créant par le fait même un dynamisme sain autant dans la vie que dans le journal.

Se donner de la valeur

Reconnaître sa valeur est certainement un des ingrédients les plus importants pour assurer un parcours de vie positif. Quand on se reconnaît le droit à la vie et au bonheur, quand notre estime personnelle est saine, on arrive plus facilement à prendre soin de soi, à protéger son temps et son espace de création, à s'affirmer et à bloquer la pollution qui vient de soi ou des autres. Les échecs et les critiques ne nous détruisent pas mais servent de tremplin à notre développement. Quand on se donne de la valeur, le travail du journal s'insère tout naturellement dans le quotidien au même titre que d'autres petits soins que l'on se donne.

Cultiver l'esprit du jeu

Jouer avec nos blocages demeure pour moi l'un des outils les plus efficaces pour les apprivoiser et les dépasser. Le jeu est fondamental au processus créateur parce qu'en jouant on prend des risques, on accepte les nécessaires périodes de chaos, ou joue avec ce qui se présente, on ose plonger dans l'inconnu, etc. En jouant on n'est pas préoccupé par le résultat final mais par le pur plaisir de la création. Le jeu rétablit et stimule l'énergie créatrice, il aide à contrer les blocages et l'inertie puisqu'il est directement lié à l'action. Se permettre de jouer dans notre journal est très libérateur et source de beaucoup de plaisir, ce qui augmente la vitalité générale.

Agir par petits pas

S'engager dans l'action un petit pas à la fois est définitivement un moteur puissant pour déloger les blocages les plus coriaces. Par définition, un blocage est une stagnation de l'énergie créatrice. L'action est son antithèse, elle remet l'énergie en branle, elle nous secoue, elle est l'étincelle qui fait démarrer le moteur. Mais comme passer à l'action peut faire peur puisqu'on avance dans l'inconnu et qu'on prend des risques, la clé est le petit pas. On décortique l'action en petites étapes réalisables et on les fait, une à la fois! Le journal est un lieu privilégié de réflexion sur les petits pas liés à nos projets mais il est aussi un lieu d'action directe, puisque écrire et dessiner sur un blocage c'est déjà faire un pas concret vers son dégagement.

Être positif / choisir la force de vie

Nous avons tous en nous une force d'inertie et de destruction qui se manifeste de différentes façons et qui sabote nos élans créateurs. S'il faut savoir la reconnaître et la déjouer, il faut aussi savoir que cette force sombre côtoie une grande force de vie et qu'il n'en tient qu'à nous de la choisir et de la nourrir. Choisir la force de vie est sans contredit un atout important pour déjouer les blocages. C'est en ce sens qu'il faut «être positif». Il ne s'agit pas de nier le négatif mais de nourrir positivement le terreau de notre vie créatrice pour que croissent des projets sains. S'il faut reconnaître les forces négatives, il faut aussi les déraciner avec fermeté pour ne pas qu'elles nous envahissent. Il faudra donc constamment balayer les doutes, faire taire les voix polluantes, s'entourer de positif, passer à l'action, etc. Dans le journal, on utilisera l'art positif et les affirmations, techniques qui peuvent sembler anodines mais qui sont en fait des outils puissants pour défaire les blocages liés à la force sombre.

Respecter son rythme / connaître le cycle de la créativité

Respecter son rythme, c'est d'abord accepter où on en est dans sa vie. C'est d'où on est que l'on plonge en soi, pas de la rive voisine. Se comparer est vain et crée davantage de blocages. Nous ne pouvons pas non plus attendre d'avoir atteint je ne sais quel stade avant de faire ce plongeon ou d'amorcer les projets qui nous tiennent à cœur. Quand on n'accepte pas où on en est, on se bat contre soi-même et cela crée des tensions internes qui inhibent le flot créateur. De plus, le calme créé par l'acceptation de son cheminement est un grand agent de déblocage. Il y a lieu pourtant d'être attentif puisqu'on peut confondre le respect de son rythme et la peur de l'action, qui est un blocage. En ce sens, connaître le cycle de la créativité (voir page 37) est un atout puisque cela aide à savoir doser les périodes de travail et les périodes de repos, à accepter les nécessaires passages à vide tout en reconnaissant que les blocages nécessitent un travail pour repartir la roue de la création. En jetant régulièrement l'ancre en soi par la pratique du journal, on peut éviter certains pièges parce qu'on devient plus sensible à ce mouvement naturel de l'énergie créatrice.

NOTES DE LA FIN

Si vous avez parcouru ce livre avec enthousiasme, expérimenté une variété d'exercices et que vous vous demandez maintenant comment poursuivre, j'ai quelques suggestions simples à votre intention.

LA PRATIQUE

Certains développeront une pratique quotidienne de la méthode du journal créatif, et d'autres y auront recours au besoin, c'est-à-dire quand l'envie d'inscrire un moment de leur vie se présentera ou quand un événement les bousculera – une crise, une décision à prendre, une grande émotion. C'est à chacun de trouver son rythme, il n'y a pas de recette ! Il en va de même pour les techniques : vous aurez vos préférées et en oublierez peut-être quelques-unes, cela n'a pas d'importance. Le journal créatif est un outil souple qu'on adapte à ses besoins, et non l'inverse.

Si vous désirez établir une pratique régulière et que vous ne savez pas par où commencer, je vous suggère de choisir une formule de base pour faire le point à tous les jours. Par exemple, vous pouvez choisir de faire 20 minutes d'écriture rapide ou de faire un dessin spontané suivi d'écriture (technique *Mots-sur-image*). Faites d'autres exercices si vous en sentez le besoin mais démarrez toujours avec votre routine. Après quelques semaines, un rythme sera installé et ce sera plus facile.

Si vous désirez plutôt utiliser cette méthode à mesure que des questions ou des problèmes précis se présentent, sans nécessairement en faire une pratique quotidienne, vous pouvez soit utiliser les exercices de ce livre selon vos besoins ou encore procéder comme ceci : asseyez-vous et disposez des tas de crayons devant vous, puis pensez au thème que vous voulez travailler. Prenez quelques grandes inspirations. Laissez votre cœur choisir une technique : avez-vous envie de dessiner ? de faire la liste des mots qui vous viennent ? d'écrire une lettre fictive ? Allez-y. Une fois cette première étape terminée, relisez-vous ou examinez votre dessin, puis écrivez vos réactions. Si vous avez envie de poursuivre avec une autre technique, faites-le. Utilisez le livre comme référence ou pour varier vos thèmes ou exercices.

SE RELIRE

Est-il nécessaire de se relire ? Pourquoi et à quelle fréquence ? On me pose souvent ces questions et encore une fois je n'ai pas de réponse qui s'appliquerait à tout le monde. Chacun doit trouver son rythme et sa façon de faire. S'il n'est pas indispensable de se relire, je considère néanmoins cela très intéressant et éclairant. Le journal nous fournit un rapport tangible de notre parcours. Il est notre mémoire en quelque sorte. Le relire nous donne de la perspective sur notre vie et nous rend plus conscient de nos ressources intérieures. Parfois il est très difficile de se relire parce que cela peut mettre en lumière des choses qu'on préférerait ne pas voir. Qui aime constater qu'il a tourné en rond pendant X années dans un travail ou une relation ? Pourtant, prendre conscience des dynamiques que l'on répète peut être salvateur, si on arrive à en tirer les leçons... Un des grands problèmes de la relecture c'est le regard réprobateur que l'on porte sur soi trop souvent. On se juge si durement ! Relisez-vous avec compassion, en tirant des *apprentissages* de votre vie, plutôt qu'en dénigrant qui vous êtes ou ce que vous faites.

Quelques suggestions en vue de capturer l'essentiel :

- marquez les paragraphes les plus significatifs pour vous ;

- soulignez les phrases clés ou encerclez les mots clés ;

- écrivez vos réflexions après relecture : essayez de répondre à la question « Qu'est-ce que je retiens de cette période ? » ou encore « Qu'est-ce que j'ai appris dans cette période ? »

- faites une copie couleur des quelques dessins les plus significatifs pour vous.

SE REGROUPER

Se regrouper pour écrire et dessiner est très stimulant. L'effet du groupe sur la pratique du journal est incroyable : une synergie se crée, l'isolement est brisé, c'est motivant et réconfortant. Si vous en sentez le besoin, vous pouvez créer un petit groupe de journal où vous pourrez simplement vous donner un temps pour créer et un temps pour partager. Vous pouvez utiliser ce livre pour vous guider ou travailler spontanément selon vos besoins respectifs.

SUIVRE DES ATELIERS

Suivre un atelier de journal peut être très stimulant. C'est une aventure de groupe qui nourrit beaucoup le travail régulier et qui peut aider à redémarrer après une période d'arrêt. L'atelier donne un cadre à un travail plus intensif et peut nous conduire dans des coins insoupçonnés où on n'aurait pas mis les pieds autrement. Consultez la page 4 pour savoir comment me rejoindre. Je me déplace pour donner des sessions intensives à des groupes de 10 personnes ou plus.

CONCLUSION

Écrire ce livre a été une longue aventure. J'en avais eu l'inspiration initiale en octobre 98, alors que je donnais mon tout premier atelier de *journal créatif*. Mettre cette inspiration dans la matière fut certainement une mise en œuvre très concrète de ce que j'enseigne. J'ai mis à l'épreuve toutes mes techniques, je me suis bagarrée avec des blocages coriaces et j'ai dû réaffirmer clairement ma vision à chaque étape. Ma confiance dans le processus créateur et ma conviction quant au pouvoir des petits pas m'ont soutenue jusqu'au bout. Lentement, un mot à la fois, un pas après l'autre, ce livre a pris forme. Mon journal intime fut sans contredit un allié précieux tout au long de ce parcours. Quel autre interlocuteur aurait pu traverser avec moi tant de hauts et de bas ?

C'est toute ma passion pour l'écriture et le dessin que je vous ai offerte, avec ma profonde confiance dans le grand pouvoir guérisseur de ces deux modes d'expression. J'espère que vous avez trouvé dans cette méthode une ressource qui peut vous nourrir et vous guider dans votre travail intérieur. Je sais que ce travail est souvent ardu, prend du temps et du courage, de la discipline et de la solitude. Ce n'est pas un chemin facile, puisqu'il exige parfois la traversée de nos zones les plus sombres. C'est pourtant un labeur qui porte des fruits magnifiques quand nous savons faire confiance aux mouvements de notre vie intérieure, accepter où nous en sommes avec compassion, mais néanmoins avoir le courage de faire les pas nécessaires à notre épanouissement.

Ce que j'espère, c'est que ma passion vous inspire à trouver le chemin de la vôtre, et que vous utilisiez l'outil que je vous offre pour emprunter cette voie vers le centre de vous-même. Je souhaite ardemment que l'on souffre moins de la «faim de l'âme» ou du vertige du vide que l'on ressent lorsqu'on a perdu le chemin de son cœur. Vous savez comme moi combien il est facile de se perdre de vue, de répondre à des appels qui ne sont pas les nôtres et qui n'ont rien à voir avec ce que l'on veut vraiment, avec qui l'on est vraiment. Cette vie est trop précieuse pour qu'on la gaspille à se mouler aux attentes des autres ou à des modes et prescriptions sociales. Ne vous condamnez pas à une vie sans joie et sans élans du cœur, permettez-vous d'être qui vous êtes vraiment, personne ne le fera à votre place.

Et quand vous hésiterez devant le chemin à prendre, posez-vous la question que Carlos Castaneda a rendue célèbre: « Ce chemin a-t-il un cœur? » Si la réponse est oui, empruntez ce chemin; si c'est non, oubliez-le. Castaneda dira encore ceci:

> « Pour moi, rien ne compte que de voyager sur les chemins qui ont du cœur, sur n'importe quel chemin pourvu qu'il ait du cœur. Alors j'avance, et la seule chose qui vaille la peine à mes yeux est de le suivre jusqu'au bout. Et là, je voyage – regardant, regardant, le souffle coupé. »

Quand la route épouse les appels du cœur ou de l'âme, sa beauté nous coupe le souffle. La sensation de vide s'estompe et la vie trouve son sens, en harmonie avec l'ensemble de la vie. C'est ce que je vous souhaite. Bonne route, et que votre quête vous ouvre le portail du chemin qui a du cœur.

BIBLIOGRAPHIE

ALLEN, Pat. *Art is a Way of Knowing*, Boston, Shambhala, 1995.

BALDWIN, Christina. *Life's Companion : Journal Writing as a Spiritual Quest*, New York, Bantam Books, 1990.

BLY, Robert. *The Sibling Society*, New York, Vintage Books, 1996.

BORYSENKO, Joan. *Fire in the Soul*, New York, Warner Books, 1993.

_____. *Penser le corps, panser l'esprit*, Paris, Inter éditions, 1988.

BRASEY, Edouard, et Jean-Pascal DEBAILLEUL. *Vivre la magie des contes*, Paris, Albin Michel, 1998.

CAMERON, Julia. *The Artist's Way : a Spiritual Path to Higher Creativity*, New York, Tarcher/Putnam, 1992. Édition en français : *Libérez votre créativité : osez dire oui à la vie*, St-Jean-de-Braye, France, Éditions Dangles, 1992.

_____. *The Vein of Gold : a Journey to Your Creative Heart*, New York, Tarcher/Putnam, 1996. Édition en français : *La veine d'or : exploitez votre richesse intérieure*, Montréal, Éditions du Roseau, 1999.

CAPACCHIONE, Lucia. *The Creative Journal : The Art of Finding Yourself*, North Hollywood, CA, Newcastle Publishing, 1979.

_____. *The Power of Your Other Hand*, North Hollywood, CA, Newcastle Publishing, 1988. Édition en français : *Le pouvoir de votre autre main*, Paris, Médicis, 1997.

_____. *Recovery of Your Inner Child*, New York, Simon & Schuster / Fireside, 1988. Édition en français : *Faites vivre votre enfant intérieur*, Montréal, Éditions Stanké, 1994.

CASSOU, Michele. *Point Zero : Creativity Without Limits*, New York, Tarcher / Putnam, 2001.

CASTANEDA, Carlos. *Voir : les enseignements d'un sorcier yaqui*, Paris, Gallimard, coll. Témoins, 1973.

_____. *Le voyage à Ixtlan : les leçons de Don Juan*, Paris, Gallimard, coll. Folio/essais, 1988.

COELHO, Paulo. *L'alchimiste*, Paris, Éditions Anne Carrière, 1994.

DIAZ, Adriana. *Freeing the Creative Spirit*, San Francisco, Harper San Francisco, 1992.

EDWARDS, Betty. *Drawing on the Artist Within*, New York, Simon & Schuster, 1986.

_____. *Drawing on the Right Side of the Brain*, New York, J.P. Tarcher, 1979. Édition en français : *Dessiner grâce au cerveau droit*, Liège, Belgique, Pierre Mardaga éditeur, 1982.

FEINSTEIN, David, et Stanley KRIPPNER. *Personal Mythology*, Los Angeles, Jeremy Tarcher, 1988.

258

FINCHER, Suzanne. *Creating Mandalas*, Boston, Shambhala, 1991. Édition en français: *La voie du mandala*, St-Jean-de-Braye, France, Éditions Dangles, 1993.

FRINGS KEYES, Margaret. *Inward Journey*, La Salle, IL, Open Court, 1983.

GANIM, Barbara et Susan FOX. *Visual Journaling*, Wheaton, IL, Quest books, 1999.

GIBRAN, Khalil. *Le Prophète*, Paris, Casterman, 1956.

GOLDBERG, Bonni. *Room to Write*, New York, Tarcher Putnam, 1996.

GOLDBERG, Nathalie. *Wild Mind*, New York, Bantam Books, 1990.

_____. *Writing Down the Bones*, Boston, Shambhala, 1986. Édition en français: *Les italiques jubilatoires*, Barret-le-Bas, France, Le Souffle d'Or, 2001.

GRAY, Dorothy Randall. *Soul Between the Lines*, New York, Avon Books, 1998.

HAMEL, Johanne. *De l'autre côté du miroir: journal de croissance personnelle par le rêve et l'art*, Montréal, Le Jour, éditeur, 1993.

JOHNSON, Robert. *Inner Work*, San Francisco, Harper San Francisco, 1986.

JUNG, Carl. *Man and his Symbols*, New York, Dell Publishing, 1964. Édition en français: *L'homme et ses symboles*, Paris, Robert Laffont, 1964.

KORNFIELD, Jack. *A Path with Heart*, New York, Bantam Books, 1993.

KÜBLER-ROSS, Elisabeth. *Apprendre à mourir, apprendre à vivre*, Courrier du Livre, 1994.

LEBRUN, Paule. *La déesse et la panthère*, Montréal, Éditions du Roseau, 1998.

LERNER GOLDHOR, Harriet. *The Dance of Anger*, New York, HarperCollins, 1985. Édition en français: *Le pouvoir créateur de la colère*, Montréal, Le Jour, éditeur, 1994.

_____. *The Dance of Intimacy*, New York, HarperCollins, 1990.

LEVINE, Stephen. *Qui meurt?* Barret-le-Bas, France, Le Souffle d'Or, 1991.

LUSSER RICO, Gabrielle. *Writing the Natural Way*, New York, Jeremy Tarcher, 1983.

MAISEL, Eric. *The Creativity Book*, New York, Tarcher Putnam, 2000.

MAY, Rollo. *Le courage de créer*, Montréal, Le Jour, éditeur, 1993.

McNIFF, Shaun. *Art as Medicine*, Boston, Shambhala, 1992.

MYERS, Tona Pearce. *The Soul of Creativity*, Novato, CA, New World Library, 1999.

PEARSON, Carol. *The Hero Within*, New York, Harper & Row, 1986.

PECK, Scott. *Le chemin le moins fréquenté*, Paris, Robert Laffont, 1978.

PINKOLA ESTÉS, Clarissa. *Creative Fire* (2 cassettes), Louisville, CO, Sounds True Publishing, 1993.

_____. *Women Who Run With the Wolves*, New York, Ballantine Books, 1992. Édition en français: *Femmes qui courent avec les loups*, Paris, Grasset, 1996.

PROGOFF, Ira. *At a Journal Workshop*, New York, Dialogue House Library, 1975. Édition en français: *Le journal intime intensif*, Montréal, Éditions de l'Homme, 1984.

RAINER, Tristine. *The New Diary: How to Use a Journal for Self Guidance and Expanded Creativity*, New York, Putnam/Tarcher, 1979.

ROGERS, Natalie. *The Creative Connection: Expressive Arts as Healing*, Palo Alto, CA, Science & Behavior Books, 1993.

ROTH, Gabrielle. *Maps to Ecstasy*, San Rafael, CA, New World Library, 1989. Édition en français: *Les voies de l'extase*, Montréal, Éditions du Roseau, 1993.

RUEDIGER, Dahlke. *Mandalas: comment retrouver le divin en soi*, St-Jean-de-Braye, France, Éditions Dangles, 1993.

SALOMÉ, Jacques. *Parle-moi, j'ai des choses à te dire*, Montréal, Éditions de l'Homme, 1995.

SCHNEIDER, Myra, et John KILLICK. *A Personal Approach to Creative Writing: Writing for Self Discovery*, Rockport, MA, Element Books Limited, 1998.

SIEGEL, Bernie. *L'amour, la médecine et les miracles*, Paris, Robert Laffont, 1989.

SIMONTON, Carl. *L'aventure d'une guérison: un médecin et sa méthode, un malade et son expérience*, Paris, Belfond, 1993.

SIMONTON, Carl, et Stephanie MATTHEWS SIMONTON. *Guérir envers et contre tout: le guide quotidien du malade et de ses proches pour surmonter le cancer*, Paris, Epi, 1982.

SNOW, Kimberley. *Word Play/Word Power*, Berkeley, CA, Conari Press, 1989.

SOMÉ, Malidoma. *Ritual: Power, Healing and Community*, Mill Spring, NC, Swan/Raven & Company, 1993.

VIORST, Judith. *Necessary Losses*, New York, Simon & Schuster, 1998.

ZINA BENNETT, Hal. *Write from the Heart*, Novato, CA, New World Library, 2001.

TABLE DES MATIÈRES

Remerciements 9

Introduction 13

PREMIÈRE PARTIE : **RÉFLEXIONS**

Chapitre 1 : La quête de sens / la faim de l'âme 25

Chapitre 2 : Le mode intuitif 29

Chapitre 3 : Le pouvoir de l'art 33

Chapitre 4 : La créativité 37

Chapitre 5 : Le journal comme pratique spirituelle 45

Chapitre 6 : Journal créatif et communauté 49

DEUXIÈME PARTIE : **LES TECHNIQUES**

Chapitre 7 : Les techniques d'écriture 57

    • L'écriture rapide 58

    • La phrase déclencheur 60

    • Le dialogue 62

    • La lettre fictive 64

    • L'autre point de vue 66

    • Les affirmations positives 68

    • L'écriture en folie 70

    • Les listes 72

    • Les diagrammes écrits 74

        A) Le diagramme en bulles 74

        B) Le diagramme en colonnes 76

        C) Le diagramme en cercle 78

    • La poésie 80

    • Les personnages 82

    • Les histoires 84

Chapitre 8 : Les variantes du dessin 87

    • Le dessin spontané 88

    • Le barbeau 90

- Le zoom 92
- Le trio 94
- L'art positif 96
- Le collage 98
- Les diagrammes dessinés 100
  - A) La forme-symbole 100
  - B) La silhouette 102
  - C) Le mandala 104

Chapitre 9: L'interface dessin-écriture 107
- L'écriture suite au dessin 107
  - A) Réflexions suite au dessin 108
  - B) Mots-sur-image 108
  - C) Le dialogue avec l'image 108
  - D) L'image qui raconte 110
- Le dessin suite à l'écriture 110
  - A) Dessin spontané 110
  - B) Image-sur-mots 112
  - C) Zoom sur un mot 112
  - D) Combinaisons spéciales 112

Chapitre 10: L'autre main 117
- Dialogue entre les deux mains 118
- Diagramme main droite / main gauche 118
- Lettre fictive 118
- Dessin 120

Chapitre 11: Techniques hors journal 123
- Dessins grand format 123
- Trois dimensions 123
- Méditation / visualisation 124
- Rituels 124

TROISIÈME PARTIE: EXERCICES PRATIQUES

Les grands chapitres

Chapitre 12: Les grandes questions 131
- Qui suis-je? 131
- D'où je viens? 134

- Où j'en suis? 136
- Où je m'en vais? 138

Chapitre 13: Les grandes vagues 141
- Les crises 142
    A) Pertes et deuils 144
    B) Crises de sens 145
    C) Crises liées aux étapes de la vie 146
- États émotifs difficiles 150
    A) Broyer du noir: la déprime 151
    B) Voir rouge: la colère 152
    C) Blanc de peur 154
    D) Avoir les bleus: la tristesse 158
    E) Vert de jalousie 160

Chapitre 14: Les grands domaines 163
- Le mental 164
    A) Le mental ordinaire 165
    B) Le théâtre quotidien 166
    C) Les obsessions 168
- Le physique 170
    A) Les douleurs, blessures et maladies 172
    B) Le stress 174
    C) Les dépendances 176
    D) L'image corporelle 179
    E) Les limitations physiques 180
    F) La mort 182
- L'émotif 186
    A) Les émotions de tous les jours 187
    B) Les blessures émotionnelles 188
    C) L'hyperémotivité: je sens tout 190
    D) L'absence d'émotions: je ne sens rien 194
- Le spirituel 196
    A) La spiritualité 197
    B) Les pratiques spirituelles 198
    C) La sagesse intérieure 200

Chapitre 15: Les grands rêves 205
- La légende personnelle 206
- Les grands projets 208

Autres sources d'inspiration

Chapitre 16 : Les rêves... 215

Chapitre 17 : Les images.. 219

Chapitre 18 : La vie courante 223

QUATRIÈME PARTIE : PIÈGES ET BLOCAGES

Chapitre 19 : Pièges et blocages fréquents dans la pratique du journal............................ 231

Chapitre 20 : Autres pièges et blocages....................................... 239

Chapitre 21 : Cinq ingrédients gagnants 245

Notes de la fin 249

Conclusion.. 253

Bibliographie.. 257